재테크 데칼코마니

재테크 데칼코마니

초 판 1쇄 2023년 10월 12일

지은이 김남형
펴낸이 류종렬

펴낸곳 미다스북스
본부장 임종익
편집장 이다경
책임진행 김가영, 신은서, 박유진, 윤가희, 윤서영, 이예나

등록 2001년 3월 21일 제2001-000040호
주소 서울시 마포구 양화로 133 서교타워 711호
전화 02) 322-7802~3
팩스 02) 6007-1845
블로그 http://blog.naver.com/midasbooks
전자주소 midasbooks@hanmail.net
페이스북 https://www.facebook.com/midasbooks425
인스타그램 https://www.instagram/midasbooks

© 김남형, 미다스북스 2023, *Printed in Korea*.

ISBN 979-11-6910-344-2 03320

값 20,000원

🏃 **미다쇽스**는 다음세대에게 필요한 지혜와 교양을 생각합니다.

재테크를 통해 인생의 반전 그림을 그리다

5년 동안 돈을 잃고

재테크
데칼코마니

김남형 지음

5년 동안 돈을 얻다

미다스북스

5년이라는 시간은 같았다

5년 동안 돈을 잃었다.

흙수저 출신의 월급 300만 원 직장인이 욜로를 외치며 마이너스 통장과 신용카드 돌려막기 생활을 했다. 신용 대출로 코인과 주식에 손을 대기 시작하면서 나의 통장엔 3천만 원의 빚만 남게 되었다.

5년 만에 부를 얻었다.

우연히 영끌해서 산 아파트로 인해 인생 역전의 기회를 잡았고 부동산 재투자를 통해 20억 원의 자산을 이뤘다. 빚에 허덕이던 나는 현재 재건축 입주권, 신축 분양권, 토지 4필지를 소유하고 있다.

분명히 5년이라는 시간은 같았고 똑같은 실행을 했을 뿐인데 가난한 인생과 부유한 인생의 다른 그림이 그려졌다.

'저자는 이 말도 안 되는 데칼코마니 같은 반전 인생을 어떻게 그려내었을까?'

답은 실행력이다. 5년 동안 돈을 잃은 경험과 5년 만에 부를 얻은 경험은 모두 높은 실행력으로 만들어 낸 저자의 오랜 인생 경험치이다.

그러나 2가지 경험 사이에는 다른 점이 하나 있었다.

가난한 사람들의 행동을 따라 하자 돈을 잃게 되었다.

반대로 부유한 사람들의 행동을 따라 하자 부를 얻게 되었다.

분명히 같은 시간이었지만 어떤 사람의 행동을 실행했는지에 따라 나의 인생 경험은 극과 극의 그림을 그려내었다.

이 책을 통해 돈을 잃는 사람과 부를 얻는 사람의 차이점을 간접적으로 경험해본다면 같은 시간 동안 시행착오는 줄이고 성공률은 높이는 효율적인 재테크를 할 수 있을 것이다.

이 책은 기존의 재테크 책과 분명히 다르다

보통의 재테크 책은 원론적인 투자 방법을 설명하는 데 그친다.

책 저자의 직접 경험과 실제 투자 사례보다는 이미 알려진 재테크 상식이나 수강생들의 투자 사례들을 짜깁기해 전혀 공감되지 않는 성공 이야기들을 늘어놓고 만다. 밑바닥부터 시작해서 부를 얻기까지 정말 다양한 재테크를 시도해본 사람은 많지 않기 때문이다.

그러나 이 책은 절대로 원론적인 투자 방법에서 그치지 않는다.

직장인이 된 후 욜로를 외치며 코인과 주식으로 맞이한 경제적 파국 이야기 그리고 재테크와 다양한 부동산 투자를 통해 만들어 낸 찐 인생 역전 이야기.

저자의 직접 경험과 실제 투자 사례로만 구성된 이 책은 독자 여러분의 많은 공감을 불러일으키고 자신에게 내재되어 있던 실행력을 끌어내어 줄 것이다.

'무조건 이렇게 하면 돈 벌어요.'라는 식의 수익자랑만 하고 끝나버리는 책들을 무수히 많이 봐왔다. 그러나 이 책은 직접 부딪치고 경험한 실제 사례로만 글을 채웠기 때문에 수익 내용 속에서도 잘한 점이나 잘못된 점 그리고 얻은 노하우까지 살아 있는 의미를 전달하고자 노력했다. 재테크 초심자라도 마치 투자를 직접 해본 것과 같은 생동감을 느낄 수 있을 것이다.

어떤 점이 다른 사람의 마음을 움직이게 했을까

서울에서 첫 직장 생활을 시작할 때부터 알고 지낸 형이 있다.

작년부터 블로그에 글을 쓰기 시작했는데 매번 내 글에 공감을 눌러주는 열혈 구독자이다.

최근에 그 형이 전화로 내게 이런 말을 했다.

"10년 전 욜로 생활할 때부터 너를 알았는데 불과 5년 만에 부를 얻은 모습을 실제로 봐왔더니 네가 쓰는 글에서 진정성이 느껴지고 공감이 돼."

회사 같은 팀에서 근무하는 동생이 최근 아파트를 계약했다.

모아둔 약간의 목돈에 신용 대출을 받아 고급 수입차를 사려고 했던 생각을 접은 지 겨우 2개월 만에 일어난 일이었다.

다른 사람의 말을 듣고 생각을 바꾸기란 쉽지 않은 일이다.

그런데 놀랍게도 그 동생은 내 말을 듣고는 스스로 다른 인생을 선택했다.

나는 그들에게 5년 동안 돈을 잃고 5년 만에 부를 얻은 경험을 말해줬을 뿐이었다.

그러자 그들은 돈을 잃는 인생을 살고 있는지 부를 얻는 인생을 살고 있는지 스스로 판단하기 시작했고 반대로 움직이게 되었다.

허구가 아닌 진정성 있는 말이 그들에게 공감을 불러일으킨 것이었다.

공감과 실행을 불러일으킨 이 이야기들을 한 권의 책으로 만든다면 더 많은 사람의 인생을 반전시킬 기적과도 같은 일을 만들어 낼 수 있지 않을까 고민했다.

그렇게 나의 첫 번째 인생 책이 탄생했다.

'당신은 이 책을 통해 가난한 인생을 부유한 인생으로 반전시킬 준비가 되었는가?'

저자가 5년 동안 돈을 잃은 행동에서 교훈을 얻어 시행착오를 줄여나가라.

그리고 5년 만에 부를 얻은 행동에서 기회를 찾아 재테크 성공률을 높여나가라.

그렇게 저자의 인생 경험을 레버리지 삼아서 당신이 상상했던 것보다 훨씬 더 큰 부를 이뤄나가라.

아직도 욜로를 외치며 돈은 나랑 상관없다고 생각했던 사람도 인생을 변화시킬 수 있다!

코인과 주식으로 빚더미에 앉은 사람도 인생을 변화시킬 수 있다!

마음속으로 실행은 하고 싶은데 고민만 하는 사람도 인생을 변화시킬 수 있다!

그 고통과 답답한 마음들을 모두 경험해봤기에 저자가 힘들게 얻어낸 부의 비밀들을 숨김없이 담아내었다.

그래서 이 책이 재테크를 처음 시작하는 초심자에게 다른 어떤 책보다 훌륭한 지침서가 되어 줄 거라고 믿어 의심치 않는다.

욜로를 외치며 경제적 파국으로까지 갔던 저자도 반전 인생을 그려내었는데 당신이라고 못할 이유가 전혀 없다.

독자 여러분 모두가 데칼코마니 같은 반전 인생을 멋지게 그려나가길 진심으로 바란다.

이 책을 펼치는 순간 당신의 반전 인생 그림은 시작될 것이다.

목차

2부 5년 만에 부를 얻다

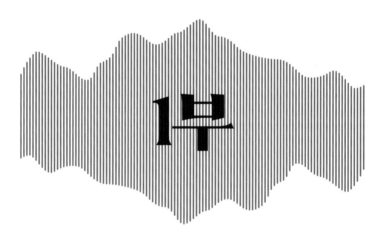

5년 동안
돈을 잃다

1장

직장인에 대한 잘못된 환상

가난은 아무런 잘못이 없다

나의 유년 시절은 평범한 흙수저였다.

지붕도 없는 판자촌에서 살 정도로 영화에서나 볼 법한 극단적으로 가난한 삶은 아니었지만 늘 돈이 없다며 서로를 죽일 듯이 바라보고 싸우는 부모님의 눈치를 보며 자랐다. 아버지는 택시 운전을 하셔서 늘 새벽에 들어오셨고 어머니는 조그만 식당을 하셔서 술 취한 손님들의 주정 소리를 들으며 방에서 홀로 많은 시간을 보내야 했다. 나는 어렸을 때부터 자존심이 세서 남들 앞에서 부끄러운 비밀들을 들키는 것을 무척 싫

어했다. 특히 학교에서 부모님의 직업을 적으라는 날과 주로 여학생들이 지나다니는 길목에 있던 식당에서 철제 셔터 문을 열고 등교할 때가 그랬다. 부모님은 내가 15세에 이혼을 하셨고 이후 새로운 아버지가 생겼으나 취직 준비를 하고 있던 24세 때 교통사고로 돌아가셨고 17살 차이 나는 성 다른 여동생이 남겨졌다. 그런데 나중에 오랜 시간이 지나고 나서야 알았다. 나만의 가슴 아픈 비밀인 줄 알았던 우리 가족의 치부는 주변에 흔히 있는 그저 평범한 삶이었다.

진짜 문제는 가난하게 태어난 게 아니라
가난을 어떻게 받아들이느냐에 있다.
이런 삶을 원하고 태어난 게 아닌데 자꾸 나만 불행한 것 같았다.

'유복하고 화목한 가정에서 태어날 수 없었나?'
'가난은 나의 죄인가?'

지금에서야 가난을 벗어나 보니 불행이라고 생각했던 것조차 한 장면의 추억이 되었다. 힘든 유년 시절을 잘 버텨내고 나름 성장해보니 가난은 성장을 위한 가르침이었고 힘든 일이 닥쳤을 때 잘 버티게 해주는 기둥이 되어 주었다. 세상을 탓하며 내가 주도하는 삶을 포기했더라면 결코 맛볼 수 없었던 달콤함이었다.

흙수저로 태어났기에 더 치열하게 살게 된다. 그리고 올라갈 수 있는 더 높은 곳이 계속 있기에 도전과 발전하는 삶을 살 수 있다. 혹여 어떤 도전에 실패해서 미끄러지더라도 흙 속에서 이미 굴러봤기에 살만하다고 느끼며 좌절하지 않을 수 있다. 가난하게 태어났음을 탓하지 말고 가난을 세상의 가르침으로 삼으면 오히려 복인 걸 알 수 있다.

작은 꿈이 큰 꿈을 만든다

부모님의 잦은 다툼 그리고 술에 취한 손님들의 행패를 보고 자라면서 불현듯이 나와 같은 약자들을 도와주고 싶다는 생각이 들었다. 빨리 취직해서 나중에 많은 돈을 벌어 약자들을 돕고 싶다는 작은 꿈이 생겼다. 이 책을 읽는 독자분들 중 20대가 많을 것 같은데, '꿈을 크게 가져라.'라는 말이 얼마나 현실성 없는 말인지는 막상 대학교 선택과 취준생이 되었을 때 가슴에 크게 와닿게 된다. 론다 번의 『시크릿』이라는 책을 대부분 알 것이다. 끌어당김의 법칙은 당장 무엇을 해서 어떻게 먹고살지 고민하는 20대 초반 취준생에게는 먼 나라 이야기일 뿐이다. 내가 20대 초반의 독자 여러분들에게 해주고 싶은 말은 아직 투자 시드머니를 모을 직장이나 사업체를 이루지 못했다면 작은 꿈부터 목표로 삼고 이루어내면서 성취감을 쌓으라고 말해주고 싶다.

큰 꿈은 작은 꿈을 이루어가면서 점점 커진다

10억 원은커녕 1억 원도 엄청나게 커 보였던 나의 20대를 지나 현재는 200억 원대 자산을 목표로 하고 있다. 작은 꿈을 갖고 실천해서 성취해 나가면 내 꿈의 크기는 시간에 맞게 비례해서 자연스럽게 커지기 마련이다.

요즘 2030은 별다른 노력 없이 빠르게 부를 얻고 싶다는 과한 욕심으로 코인, 주식, 도박, 로또 같은 투기성 종목에 손을 대 귀중한 시간과 자산을 날려버린다. 유튜브 영상에서 쉽게 볼 수 있는 단기간에 10억 만드는 법과 같은 솔깃한 이야기는 노력과 시간을 투입해야 하는 단계들을 건너뛰고 오직 잘된 측면의 결과만 보여준다.

당장 할 수 있는 게 없다면 투기에 눈을 돌릴 것이 아니라 당신의 성장 씨앗이 되어 줄 작은 꿈이 무엇인지부터 찾아야 한다. 한 번에 인생을 바꿀 수 있다는 한탕주의에 절대 속지 마라.

작은 성공의 가치

성공의 가치는 자신의 상황에 맞게 스스로 정하는 것이다

직장인 하면 요즘 세대는 낮은 임금 상승률과 조직 생활 스트레스 같은 부정적인 이미지들을 먼저 떠올린다. 그러나 불과 몇 년 전만 해도 하루 벌이 장사보다 월급 생활이 안정적이라며 직장인 선호도가 높았다. 집이 넉넉한 편도 아니었고 물려받을 게 없었던 나는 취직만이 흙수저 인생을 벗어나게 해줄 유일한 희망으로 보였다.

그렇게 20대 초반을 취직이라는 작은 꿈을 성취하기 위해 노력과 시간을 갈아 넣었다. 요즘 세대가 말하는 월급쟁이의 이미지처럼 실제로 꼰대 문화와 낮은 보수 등 만족스럽지 못한 부분도 많지만, 월급쟁이가 된 덕분에 고정적인 월급을 이용해서 안정적인 대출 이자 상환이 가능해 성공적인 부동산 투자를 하는 데 도움받은 것도 사실이다.

아직 나는 취직을 준비하고 있는데 친구가 사업으로 대박이 나서 아무리 잘나간다고 해도 배 아파할 필요가 전혀 없다. 현재 내가 이룰 수 있는 최선의 꿈을 찾아 발전하는 게 중요하지 남이 어떤 성공을 이루든 내 인생과는 전혀 상관없는 일이다. 성공의 가치 판단을 직업의 귀천에 두지 말고 오늘의 내가 어제보다 더 성장했는지에 둬라.

실질적인 나의 경쟁자는 보이지 않는 큰물에 있다

어렵사리 어머니 도움을 받아 노량진에서 고시원 생활을 하며 취직 공부를 시작했다. 막상 학원에서 공부해보니 놓치는 부분이 다시 보기가 안 돼 이해가 힘들었고 새벽부터 일찍 일어나 강의실 앞자리를 맡기 위해 줄 서는 일이 비효율적으로 느껴졌다. 결국 2개월 만에 고향으로 다시 내려가 집 근처 독서실에서 인터넷 강의를 통해 공부하기로 마음먹게 된다.

지방 독서실에서 공부하다 보면 아는 장수생 형들이 자연스럽게 생긴다. 나는 노량진의 분위기를 알았기에 치열하게 공부하는 경쟁자들의 모습을 떠올리며 시간 관리를 철저히 했다. 그런데 지방 독서실만 경험해 본 그 장수생 형들은 긴장감이라는 게 전혀 없어 보였다.

나는 요즘도 독서 모임 참여나 부동산 강의를 듣기 위해 가끔 지방에서 서울까지 장시간 버스를 타고 올라간다. 직장인이 된 이후 서울에서 7년 정도 근무했을 때 서울 사람들의 치열한 삶을 목격했었다. 그래서 그 치열함을 한 번씩 되새기기 위한 목적이 크다.

늘 주변의 사람들만 의식하는 사람들은 나태해지기가 쉽다. 여기보다 더 큰물은 항상 존재한다는 사실을 알아차리면 현실에 안주하지 않고 더 발전적으로 살 수 있다. 발전적으로 사는 사람들이 나태하게 사는 사람들보다 성공 확률이 훨씬 높다. 그렇기에 우리는 현재 안주하고 있는 곳보다 더 큰물을 찾아다녀야 한다.

작은 성공은 포기하지 않고 노력하면 누구나 이룰 수 있다

그렇게 지방 독서실에서 좋은 직장에 취직하겠다는 작은 꿈을 이루기 위해 계속 노력했다. 그러나 이놈의 흙수저 인생은 노력하는 모습을 보여줘도 쉽게 놔주지 않았다. 취직 시험을 한 달여 앞두고 듣게 된 새아버지의 교통사고 사망 소식, 20세부터 오랜 기간 만났던 여자친구와의 이별, 경제적으로 힘든 어머니의 뒷바라지 속에서 느껴지는 미안함, 생활비를 충당하기 위한 여러 가지 아르바이트 병행 등등. 힘든 고난들이 줄이어 등장했고 나의 작은 성공을 위한 노력을 마치 방해라도 하려는 듯이 끈질기게 괴롭혔다. 하루라도 빨리 이 생활을 탈피하고 싶어 화장실에서 거울을 보며 간절한 마음에 울었던 기억이 아직도 생생히 떠오른다. 그렇게 2년 6개월 정도의 힘든 취업 준비 생활을 이겨내고 마침내 27세에 취직을 하게 된다. 흙수저 인생에서 이룬 첫 작은 성공이었다.

취직은 시작일 뿐이었다

직장인이 되면 모든 문제가 해결될 거라는 환상에서 벗어나라

20대 초반의 나는 오로지 취직만이 목표였다. 그리고 그것을 달성한 순간, 마치 남은 인생의 모든 문제를 해결한 듯한 착각에 빠져버렸다. 그 착각은 직장인에 대한 환상이었고 5년 동안 돈을 잃게 만든 시발점이 되었다.

우리가 인생을 열심히 살았는가에 대한 평가는 죽기 전에야 알 수 있다. 그런 점에서 취직은 긴 인생의 한 단계일 뿐이지 절대로 인생의 종착

점으로 생각하면 안 된다. 취직이라는 작은 꿈을 이뤘다면 다시 큰 꿈을 찾아 더 나은 삶을 살기 위해 노력해야 한다.

취직은 끝이 아니라 시작일 뿐, 미래의 자금을 모아라

직장인이 되고 같은 날 입사한 동기들과 직장 교육을 받았다. '힘든 취업 준비 생활에서 벗어난 것만으로도 행복한데 이런 젊은 사람들이 모이니 얼마나 즐거울까?' 지금까지도 직장 동기들과 함께했던 생활이 가장 즐거웠고 행복했던 기억으로 남아 있다.

사회로의 첫발을 들이면 여러 가지 깜짝 혜택이 생긴다. 그 혜택 중 하나로 지금까지 내게 아무런 관심이 없던 은행 직원들이 신용카드 발급 및 대출을 해주겠다며 친절한 미소를 건네며 다가왔다. 그렇게 대우를 받는 듯한 느낌에 직장인 우대 신용카드와 마이너스 통장을 개설하게 되었다.

여태껏 뒷바라지하시고 평생 방바닥에서만 주무신 어머니께 취직 기념 선물을 드리고 싶어 고급 수입 침대를 마이너스 통장에서 대출받아 사드렸다. 카드만 ATM 기기에 넣었을 뿐인데 통장에 없던 300만 원이 현찰로 바로 나왔다. 그렇게 대출이라는 금융 세상에 처음으로 발을 내딛게 된다. 착한 미소를 띤 그 금융 세상은 아무것도 모른 채 사회에 내던져진 나에게 빚이라는 걸 만들어 줬다.

다수의 정규직 직장인은 매달 안정적으로 나오는 월급 때문에 마치 남은 인생을 모두 보장받은 듯한 안도감에 빠진다. 친한 친구들에게 술을 사주고 부모님께 감사의 선물을 하고 그것도 부족해 자신에게 그동안 고생했다며 자동차나 명품 같은 비싼 선물을 한다. 그렇게 첫 사회생활을 빚으로 시작한다.

막 취직한 직장인들이 망각하기 쉬운 사실은 취직만 했을 뿐이지 현재의 통장은 텅 비어 있다는 것이다. 사람들은 보통 취직하면 2년 정도는 돈을 못 모은다고 말한다. 위와 같은 실수를 범하기 쉽기 때문이다.

이 책을 읽는 독자분들은 부디 미래를 보고 처음부터 가치 있는 선택을 하길 바란다. 자립할 수 있는 자본을 빨리 모아서 결혼식 비용이나 집을 얻을 자금을 스스로 해결해 부모님 노후 생활 자금을 지켜드리는 게 더 큰 효도 선물이다. 마음을 담은 소소한 선물과 함께 자립에 성공해서 더 큰 선물을 드리겠다는 감사의 말이면 충분할 것이다.

2장

홀로 서는 방법의 부재

작은 습관이 지금의 나를 만들었다

　20대 사회 초년생 독자들에게 꼭 해주고 싶은 조언이 있다. '홀로서기 전부터 홀로 서는 법을 배우라.'이다.

　17세 아래의 여동생이 생기기 전까지 난 외아들로 자랐다. 그래서 예쁨을 독차지했는데 평범한 흙수저 집안이었기에 학창 시절에 부족하진 않은 용돈 생활을 했다. 새벽에 들어오시는 아버지는 항상 내 머리맡에 천 원짜리 몇 장을 놔두셨고 어머니는 식당에서 번 돈으로 매일 정해진 용돈을 주셨다. 가끔 술에 취한 손님들이 공부 열심히 하라며 주셨던 용돈

들은 보너스였다. 아버지는 택시 운전으로 종일 집에 안 계시고 어머니
또한 식당에서 종일 계셨기 때문에 용돈의 사용처는 늘 내 선택의 자유
였다.

초등학생 시절 리니지라는 RPG 게임이 엄청난 유행이었다. 친구들은
전략들을 연구해서 레벨을 빠르게 올렸는데 유난히 RPG 게임에는 소질
이 없던 나는 그렇게 하질 못했다. 그래서 차선책으로 용돈을 모아 친구
들로부터 계정과 아이템들을 돈 주고 쉽게 사버렸다.

그때부터라고 생각한다. 노력해서 무언가를 얻는 길을 택하기보다는
쉬운 요행을 바라고 인생 한탕 같은 것들에 속아 경제적 파국의 길을 택
하게 된 습관 말이다. 쉬운 요행을 바라지 않고 노력해서 결과를 만들어
내는 습관은 어렸을 때부터 들이는 게 중요하다고 생각한다. 나처럼 사
회의 첫발을 경제적 파국으로 시작해 뒤늦게 후회하고 이를 만회하기 위
해 많은 교육비용을 지불하고 싶지 않다면 늦었다고 생각하는 지금부터
라도 당장 절약과 저축하는 습관을 연습해라. 항상 기억해라. 당신의 작
은 습관들이 쌓여 현재 모습을 만들었다.

욜로가 되기까지

직장이 서울에 있었기 때문에 난생처음 28세부터 홀로서기를 시작했

다. 아무것도 가진 돈이 없었고 연고도 없었기에 근무지와 가까운 강남의 한 고시원에서 일단 거주했다. 2개월 정도 고시원 생활을 하면서 원룸을 알아봤고 2호선 낙성대역 근처에 있는 6평 단칸방 원룸에 월세로 들어갔다. 고시원에서 원룸으로만 왔는데도 공간이 넓어 보였고 난생처음 자취생활이 꿈만 같았다.

나의 경제적 파국의 시작점은 바로 첫 자취생활부터였다. 어머니가 그동안 내주셨던 생활비들(공과금, 핸드폰 요금, 자동차 보험료, 건강 보험료 등)을 내가 내기 시작했고 돈 관리를 해본 적도 없는데 경제의 주도권을 갖게 되었다. 게다가 돈 많이 쓰지 말라며 옆에서 잔소리하시는 어머니가 안 계셨다. 축복이자 불행이었다.

자취생활을 처음으로 시작하는 사회 초년생들은 이때를 특히 조심해야 한다.

욜로 하다 진짜로 인생 골로 간다

지방 촌구석에서만 평생을 살다가 서울에서 혼자 자취하니 굉장한 신세계가 펼쳐졌다. 지방에서는 보기 힘든 TV 출연 맛집을 인터넷 검색창에 치면 근처에 다 있었고 운동 시설은 헬스클럽이 다인 줄 알았는데 클라이밍, 주짓수 등등 새롭고 다양한 돈지랄할 것들이 넘쳐나는 것이었다.

때마침 그 당시 유행했던 문구가 있었다. 바로 욜로(YOLO)였다. 'You

only live once.'라는 영어 문장의 줄임말로 '인생의 중요한 의미를 찾아라!'라는 좋은 뜻인데 망할 마케팅 업체들이 '당신은 한 번 사니까 다 쓰고 죽어라!'로 퇴색시켰다.

　'난 정규직 직장인이라서 월급도 꼬박꼬박 나오고 퇴직하면 연금도 받을 텐데 뭐 하러 돈을 모으고 열심히 살지?' 그 마케팅 문구를 만든 천재는 나 같은 호구를 붙잡는 것에 성공한다.

※ 당시 실제 욜로 소비했던 것들

통기타 학원
헬스클럽 PT 30회(1회당 6만 원)
해외여행 5회
영어 회화 학원
주짓수 학원
클라이밍 강습
오토바이 레이싱 강습
웨이크 보드
수영 강습
복싱 학원
애니멀 플로우 강사 자격증 취득
맨몸 운동 학원
역도 학원
중형 세단(K5) 구입
오토바이 기종 변경(대략 15대)
스쿼시 강습
시원스쿨 수강
로드 자전거 구입
마라톤
야구 투수 레슨

가장 중요한 기회비용은 시간이다

잘못된 행동에는 분명한 책임이 따른다

현재 직장에서 같은 팀으로 근무하고 있는 만 27세 동생이 있다. 최근 재테크에 대해서 많이 알려주고 있는데 그 동생이 나의 욜로 시절 얘기를 듣고 나에게 이렇게 되물었던 적이 있다.

"형은 욜로 했지만 대신 젊었을 때 할 수 있는 많은 경험을 쌓았잖아요."

"수입차를 살까 고민 중이었는데, 젊을 때 즐기고 형처럼 나중에 재테크를 하면 되잖아요."

"…."

욜로를 설명하면서 언급 못 하고 지나간 부분이 있다. 그렇게 미친 듯이 돈을 썼던 나는 추후 31살이 돼서 아파트를 살 때까지 27세부터 5년 동안 빚의 굴레에서 살게 되었다. 월급이 들어오면 지난달의 신용카드값이 고스란히 이번 달 월급만큼 다 빠져나갔고 다시 신용카드로 이번 달 생활비를 쓰는 돌려막기 악순환에 빠져들었다. 간간이 생기는 이벤트성 큰 소비들은 마이너스 통장에서 조달했고 그것들이 점점 쌓이다 보니 2천만 원의 빚으로 쌓였다. 덮어놓고 쓰다 보면 거지꼴을 못 면한다는 말은 정말이다.

나중에 얘기할 내용이지만 직장 생활을 5년이나 했는데 모은 것 없이 빚만 쌓이고 결혼 적령기인 30대가 되어가는 그 절망적인 경험은 직접 경험해본 사람 아니면 쉽게 말할 수 없다.

명심해라. 당신의 무책임한 행동에는 그에 맞는 결과가 분명히 따른다.

경험은 단지 경험으로 끝이었다

나는 그 끔찍함을 경험해봤기에 동생의 질문에 이렇게 답했다.

"경험은 경험으로 끝이었어. 내 인생 목표가 평범한 월급쟁이의 삶에서 부자의 삶으로 바뀐 현시점에서 돌아보니 욜로 시절에 했던 경험 중에 부자로 이어지는 것은 단 하나도 없었어."

"만약 네가 지금 수입차를 산다면 주위 20대 친구들에게 부러움은 살 수 있어. 그러나 형처럼 5년은 돈을 못 모을 거고 그것을 다시 재테크로 만회하려면 5년은 더 걸릴 거야. 아 참! 형은 운이 좋아서 만회했지만, 훗날 너의 재테크 시도가 100% 성공한다는 보장은 없어."

"잠깐의 만족을 위해 미래의 돈을 끌어다 쓸지 아니면 그 돈과 시간을 굴려서 미래의 더 큰 기회를 잡을 것인지는 모두 기회비용 선택의 문제고 모든 선택은 네가 하는 거야."

"단, 형은 네가 수입차를 사게 되면 경제적 파탄이 날 것임을 나의 경험을 통해 알려줬고 네가 그 선택에 따른 결과를 받아들이고 어른으로서 책임지면 돼."

"…."

기회비용 선택에 정답은 없다

그 동생은 현재 수입차를 살 생각을 접었고 퇴근하고 쉬는 날이면 다른 지역들을 오가며 아파트를 매수하기 위해 열심히 임장을 다니고 있다. 글을 수정하는 현시점엔 계약을 했다고 한다.

나보다 어린 나이에 현실을 자각하고 재테크를 시작한 동생은 분명 나보다 더 큰 부자가 될 거라고 믿는다.

'욜로 시절 이야기를 읽고 난 후 독자 여러분은 내가 무엇을 가장 크게 잃었다고 보는가?'

아마 대다수는 내가 욜로 한다고 소비해버린 몇천만 원의 현재 가치를 잃었다고 이야기하겠지만 내가 가장 크게 잃은 것은 고작 몇천만 원이 아니라 몇억 원의 돈으로 만들 수 있었던 황금 같은 기회의 시간이었다. 돌이켜보면 2014년부터 상승으로 돌아선 부동산 시장에서 조금만 재테크에 일찍 깨었더라면 대출을 이용해 서울의 상급지에 아파트를 마련할 수 있었을 것이고 현재 이룬 자산보다 몇 배는 되었을 것이다.

어쩌면 동생의 말처럼 현재를 즐기다가 나중에 늦게 시작했는데 대박이 나서 오히려 많은 경험도 얻고 재테크에서도 좋은 결과로 이어질 수도 있다.

그러나 명심해라. 당신이 기회비용을 선택할 때 가장 소중히 생각해야 할 가치는 시간이다. 운 좋게 만회할 수도 있겠지만, 만회하는 수준을 넘어서 큰 부를 이룰 수 있었던 기회의 시간은 절대로 되돌아오지 않는다.

기회비용을 계산해보라

'어떻게 해서 직장 동료인 아는 형의 조언만 듣고도 자신이 목표했던 수입차를 바로 포기하고 아파트를 사겠다는 마음을 먹게 되었을까?'

방법은 간단했다. 현재 수입차 구매에 돈을 소비하는 것은 미래에 쓸 수 있는 돈을 끌어다가 소비하는 것이다. 즉 자신이 생각하는 미래에 필요한 돈의 액수를 단순히 더하기로 계산해보면 된다. 은퇴 후 살고 싶은 집, 타고 싶은 차, 노후 생활 자금, 자식에게 물려주고 싶은 금액들을 단순하게 현재 돈 가치만으로 계산해보라고 말했다. 그리고 동생은 다음 날 출근해서 나에게 소소하게 계산해봤더니 55억 원의 필요 금액이 나왔다고 말했다. 독자분들도 알고 있겠지만 앞으로 30년의 물가상승률을 더하게 되면 동생의 은퇴 시점에는 계산된 금액의 1.5배 이상은 있어야 할 것이다.

직접 계산해보면서 자신의 미래에 필요한 금액을 알아차린 동생은 수입차를 구매하기 위해 미래의 돈을 끌어와 소비하려고 했던 생각을 스스로 접었다. 이렇게 지금처럼 살다가는 끌어올 미래의 돈도 남지 않을 것 같다는 확신이 선 것이다.

현명하게 소비하는 방법

신용카드는 편의성을 가장한 대출 상품이다

여기서 사회 초년생인 나를 경제적 파국으로 몰아넣는 데 일조했던 신용카드의 위험성은 꼭 짚고 넘어가고 싶다. 신용카드는 현재 돈이 없는데도 카드 한 장으로 손쉽게 물건을 구매할 수 있게 해주고 더군다나 몇 개월 무이자 할부의 혜택까지 주는 참 빛 좋은 개살구 같은 금융 판매 상품이다. 우리는 경제 홀로서기를 위해서 항상 세상의 본질을 객관적으로 볼 수 있는 눈을 스스로 키워야 한다.

'카드사가 미쳤다고 당신에게 공짜의 혜택을 준다고 생각하는가?'

카드사는 당신이 카드를 사용하면 단말기를 이용하는 사업체로부터 수수료를 받는다. 즉 무이자 할부 혜택까지 주면서 당신에게 현재 없는 미래의 돈까지 끌어와 쓰게 만들어야 그들이 수수료를 많이 받아먹게 되는 사업 수단인 것이다. 신용카드는 현재 없는 미래의 돈으로 더 비싸고 더 많은 물건을 구매하도록 유도하기 위해 빠르고 간편하게 고안해 낸 하나의 대출 상품이다. '세상에 공짜는 없다.' 자본주의 사회에서 절대 잊지 말아야 할 사실이다.

출처 : 편한가계부 앱

목돈을 처음 모으는 사회 초년생은 과감하게 신용카드를 잘라버려야 한다. 주유 할인 혜택을 받기 위해서 주유할 때만 사용하고 생활비는 체크카드를 쓰며 자산 관리를 이미 잘하는 사람은 논외이다.

생활비 계좌를 만들어 정해진 금액을 넣어두고 가계부 앱을 사용해서 지출을 기록해라. 그렇게 해서 내 자산과 소비를 눈에 보이게 관리해야 한다. 그렇지 않으면 뭘 사지도 않았는데 다음 달 쌓여있는 카드값을 보고 놀라는 일이 반복될 것이다. 체크카드를 사용해 현재 있는 돈 안에서만 소비하는 습관을 들여라.

절약은 다른 무엇도 아닌 의지력의 문제다

여기서 잠깐! 내가 의지력이 약한 사람들에게 자주 하는 말이 있다.

'현재 시점 자신의 인생이 마음에 들지 않으면, 지금까지 살아온 인생의 방식 전부를 바꿔라!'

돈을 모으고 싶은데 현재 가진 돈이 없다면 과감하게 신용카드를 잘라버리고 지금까지와 180도 다른 인생을 살겠다는 엄청난 각오를 해야 한다. 이 정도로 살아온 인생의 방식 전부를 바꿀 각오가 없다면 당신의 삶은 절대 1도 바뀌지 않을 것이다. 실제 나도 저 글귀를 항상 마음에 새기며 각성했었다. 그래서 소비와 저축을 조금씩 바꿔나가지 않고 바꾸기로 마음먹은 당일 하루아침에 신용카드를 없애고 저축에 바로 가입했었다. 그 결과 지금의 나는 전혀 다른 인생을 살고 있다. 현재 자신의 모습이 마음에 안 들고 저 글귀가 진심으로 마음에 와닿는다면 하루아침에 180도 달라진 삶을 살 수 있다. 난 해봤다.

소비를 하기 전에 왜 소비하고 싶은지를 파악해라

아무리 사회 초년생들이 돈을 모아보겠다고 굳은 다짐을 하고도 쉽게 무너지는 이유는 그만큼 마케팅 기술도 AI를 접목하면서 비약적으로 발전했기 때문이다. 어떤 물건이 필요해 단순히 인터넷에 검색 한 번 했을 뿐인데 들어가는 핸드폰 모든 화면에 그 물건과 관련된 광고가 무수히 쏟아진다. 내가 핸드폰에서 하는 모든 검색과 활동이 감시당하고 AI 마케팅의 표적이 된다. 그리고 SNS에서는 예쁘고 잘생긴 사람들이 마치 유혹하듯 신상품 사용 후기들을 끊임없이 올린다. 끈질기게 따라다니는 광고와 사회의 비교의식 속에서 내 지갑 속 돈을 지킬 방법은 소비하고 싶은 대상의 본질을 파악하는 것이다.

현재 나는 당근에서 200만 원 주고 구매한 08년식 마티즈를 타고 있다. 출퇴근을 위한 자동차 쓰임의 본질에 집중한 것이다. 간단히 한 가지 예만 들었는데 모든 물건을 구매하기 전 나에게 진짜로 필요한 것인지 10번 이상 생각하려고 늘 노력한다. 그리고 비싼 제품과 저렴한 제품이 있을 때 다른 사람의 시선을 의식한 사치성이 들어가는지 철저히 따져 물건의 본질에 충실한 가성비 있는 소비를 위해 노력한다.

욜로 시절 매달 신용카드 한도 금액을 꽉꽉 채우며 소비했었는데 혼자가 아닌 신혼 생활 중인 현재도 약 40만 원 정도의 생활비를 유지하고 있다. 쓸모없는 소비가 없기 때문이다.

※ 실제 다운그레이드를 거친 자동차들(사진)

할인 판매의 함정은 할인된 가격이 아니라 원래 그 가격이다

여름 초입인 6월 즈음 네이버 메인 홈페이지에서 기간 한정 1+1+1 티셔츠 할인 행사라는 광고 배너를 봤었다. 몇 년 동안 옷을 안 사서 곧 다가올 여름에 돌려 입을 티셔츠가 없었고 가격이 얼만지 확인해보려고 클릭해서 들어갔었다. 평소 2만 원이 넘는 티셔츠는 사지 않기 때문에 비싸게 보였고 그 후로 그 사이트는 들어가지 않았다. 시간이 2개월 정도 지났고 똑같은 제품을 마지막 기간 한정으로 할인한다며 광고 배너가 다시 나타났다. '이번엔 여름이 끝나가니 저번보다 저렴해졌겠지?'라는 생각으로 들어가 봤다. 어찌 된 일인지 가격은 예전과 똑같았다.

위 사례와 같은 장면은 일상에서도 흔히 볼 수 있다. 편의점이나 마트의 1+1 행사 상품이 그렇고 프랜차이즈 커피점의 포인트 적립이 그렇다. 하나만 필요한데 괜히 하나를 더 사게 되고 쌓이는 포인트가 아까워 커피를 한잔 더 사 먹게 된다. 이 모두가 당신의 주머니에서 돈을 더 많이 가져가기 위한 마케팅의 일환일 뿐이지 당신을 위한 선물 같은 배려가 아니다.

저축해서 돈을 모으고 싶다면 가장 좋은 방법은 할인 아닌 할인을 받으며 알뜰하게 소비하는 게 아니라 필요 없는 것을 아예 안 사는 것이다.

3장

하지 말아야 했던 투자

큰돈 벌 기회를 두 번 날렸다

대박은 언제나 내 것이 아니었다

그 사이 낙성대역 근처보다 저렴한 신림역 근처 원룸으로 이사했을 때의 일이었다. 28세 7월 무렵 무더운 여름이었다. 같은 팀에서 일하게 된 형이 있었는데 그 형을 알게 된 것은 마치 내 인생의 지각을 뒤흔든 커다란 사건이었다. 그 형은 지금까지 만나온 동료 직장인들과 생각 자체가 달랐다. 남들과 다르게 부자가 목표였고 난생처음 들어보는 비트코인이라는 것을 내게 알려줬고 쉬는 날에는 부동산 경매 투자를 위해 법원에도 열심히 다녔다. 나에게 '이더리움'이라는 미래가 유망한 투자 종목이 있다며 3천만 원만 가져오라고 했다. 투자라는 것에 담쌓고 살았고 듣고 보지도 못한 무슨 비트코인 이야기를 하기에 세상에 무슨 그런 게 어디 있고 어떻게 화폐가 될 수 있냐며 사기인 것 같다고 그냥 듣고 흘렸다. 아마 그 당시 이더리움이 1개당 5만 원이었던 것으로 기억하는데, 불과 몇 개월 지나지 않아 120만 원까지 올라갔다. 아마 내 인생을 바꿀 수 있는 첫 번째 큰돈 벌 기회를 놓친 일일 것이다.

그 형은 코인 투자 설득에서 멈추지 않았다. 그럼 안전하게 수익 볼 수 있는 부동산 경매 투자라는 게 있는데 그 역시 3천만 원만 있으면 갭투자로 서울에 내 집을 마련할 수 있으니 자신을 따라와 보라고 했다. 그렇게 쉬는 날 그 형을 따라 법원 경매 현장에도 같이 다녀왔다. 남의 말을 잘 믿지 못했던 나는 그 역시 새로운 경험으로 끝내버렸다. 모두가 알겠지만 불과 몇 년 후 서울 집값이 엄청나게 폭등한다. 아마 두 번째 큰돈 벌 기회를 놓친 일일 것이다.

투자자에게 정보는 곧 돈이다

결론부터 말하자면 그 형은 2년 전쯤 다니던 직장을 퇴사한다며 사직서를 카톡으로 찍어 보내왔다. 퇴직해도 될 만큼의 경제적 자유를 이룬 것이다. 그때 당시 코인으로 수억 원의 큰돈을 벌었고 그 돈으로 서울에 십여 채의 부동산을 샀다. 2018년도의 일이었으니 불과 몇 년 후 2021년 전국 집값 폭등장 때 얼마나 큰 수익을 봤을지는 아마 다들 짐작될 것이므로 그만 얘기하겠다. 그 사건들 이후로 나는 주변에서 알려주는 정보를 절대로 흘려듣지 않는다. 즉시 그 정보를 검증해보고 사실이라고 판단되면 즉시 투자한다. 나중에 다른 편에서 언급하겠지만 실제로도 그렇게 해서 토지 투자로 큰 수익을 내었다.

그리고 수익 낼 수 있는 좋은 정보를 주위 사람들과 나눈다고 내가 먹을 수 있는 파이가 절대로 줄어들지 않음을 그 형을 통해 배웠다. 정보를 알려준다고 투자를 진짜로 하는 사람도 없을 뿐더러 투자로 먹을 수 있는 파이는 엄청나게 크기 때문이다. 그때의 깨달음으로 어느 정도 자산을 이룬 나 또한 좋은 정보와 선한 영향력을 주위에 나누고 있다.

정보를 얻기 위해 노력하고 그것을 검증하라

누군가가 다른 사람들에게 진짜 좋은 투자처라며 어떤 정보를 알려줬다고 가정해보자.

20%의 부정적인 사람들은 '그건 잘못된 생각이야.'라며 비판할 것이다.

70%의 무관심한 사람들은 '그럴 수도 있겠다.'라며 흘려버릴 것이다.

10%의 긍정적인 사람들은 '좋은 정보 줘서 고맙다.'라며 집으로 돌아가 당장 정보에 대한 신뢰성을 검증한다.

'독자 여러분은 이 3가지 부류의 사람 중에서 누가 돈을 벌 수 있다고 생각하는가?'

답은 간단하다. 바로 10%의 긍정적인 사람들이다.

부자들이 인맥을 넓히기 위해 사교클럽과 같은 활동을 하는 이유는 다양한 투자처와 고급 정보들을 그들끼리 나누기 위함이다. 나보다 높은 수준의 사람들을 만나면 내가 아는 수준 그 이상의 돈 벌 방법들을 알고 있을 확률이 높다. 정보를 얻기 위해서 높은 수준의 사람들을 만나기 위해 노력하고 그 정보가 진짜인지 검증해라. 검증이 확실해지면 그 즉시 실행으로 옮겨라.

하나 주의할 점은 누구나 그것이 돈이 된다고 이미 다 알고 있는 사실은 효용가치가 없는 정보일 가능성이 크다.

변동성과 위험성은 비례한다

마음이 급할 때 위험한 투자로 눈이 가는 것은 당연하다

그렇게 두 번의 기회를 날리고 뒤돌아섰으면 그나마 다행이었을 것이다. 욜로 생활 덕분에 생긴 마이너스 통장에 찍혀 있는 2천만 원의 빚을 얼른 저축해서 갚아야겠다는 마음을 이제야 먹기 시작했다. 한 재무 설계사의 돈 모으는 방법 책을 사서 읽었고 더 배우고 싶어 저자에게 연락해 직접 찾아가서 사인을 받고 재무 설계도 받았다. 마이너스 통장의 빚을 갚기보다 플러스되는 통장을 보는 게 돈 모으는 재미를 줄 것 같아서 별도의 저축 통장을 개설해 돈을 모으기 시작했고 천만 원 정도의 돈을 모으는 데 성공했다.

그런데 갑자기 전 국민에게 코인 투자 바람이 불기 시작했다. 모든 코인이 뜨거운 빨간색이었고 '나는 왜 첫 번째 기회 때 사지 못했지?'라며 후회하면서 지금이라도 사봐야겠다는 조급한 마음이 생기기 시작했다. '저축으로 천만 원 모으기가 이렇게 힘든데 코인 투자로 몇 배의 돈을 벌면 현재 있는 빚도 다 갚고 빠르게 인생을 바꿀 수 있지 않을까?'라는 위험한 생각을 갖기 시작했다. 천만 원으로 코인 투자에 발을 들였고 하늘은 무심하게도 쉽게 100% 수익률인 2천만 원을 안겨주었다. 차라리 처음부터 손실의 맛을 봐버렸다면 손실액이 작아서 6개월 정도 다시 저축하면 회복할 수 있었을 것이므로 그만뒀을 수도 있었을 것이다. 마치 실력으로 딴 것 같은 자신감이 생겼고 코인에 대한 확신이 생겼다. 그렇게 직장인 신용 대출로 3천만 원을 받고 그것도 부족한 것 같아 어머니에게 확실한 투자가 있다며 설득해 5백만 원을 지원받았다. 그렇게 불 속에 뛰어드는 미치광이처럼 5천만 원이 넘는 돈을 가지고 코인에 투자했다. 하루아침에 몇십 퍼센트가 오르내렸고 주식 같은 장 마감 시간이 따로 없어 24시간 거래가 되다 보니 자다가도 시세를 확인하느라 잠을 못 잤다. 그래서 직장 일은 하나도 손에 잡히지 않았고 직장 동료들의 비아냥과

스트레스 속에서 살았다. 가뜩이나 직장에 들어온 지 얼마 안 돼 업무 파악에도 힘든 시기인데 그렇게 내 몸과 정신은 썩어갔다.

정확히 언제인지는 모르겠지만 봄이 지나갈 무렵 박상기의 난이라고 그 당시 코인 투자했던 사람이라면 다 알고 있는 악몽 수준의 폭락을 고스란히 맞고 만다. 그나마 힘들게 모았던 천만 원은 물론이고 직장인 신용 대출로 마련한 투자금도 절반을 날려버렸다. 천만 원 남았던 빚은 다시 3천만 원대로 늘어났고 나에게 희망이라는 것은 없어 보였다.

한마디 덧붙이자면 박상기의 난으로 엄청난 폭락이 있기 전 정부의 공적자금들은 미리 코인 시장에서 다 빠져나갔었다. 정부가 가난한 사람들에게 돈을 벌게 해주고 구제해 줄 거라는 순진했던 믿음은 그날 이후로 사라졌다.

코인은 주식보다 위험하다

사회 초년생인 독자분들에게 내 경험을 통해 전하고 싶은 메시지는 돈을 쉽게 얻는 방법은 절대로 없다는 것이다. 이번 생은 망했다며 코인 투자로 인생 역전을 꿈꾸는 20대라는 신문 기사를 가끔 보게 된다. 부동산보다 주식 투자가 어려운 이유는 어떤 사건에 반응해 움직이는 시장의 심리가 즉각적으로 가격에 반영되고 그 결과 움직이는 변동 폭이 빠르고 크기 때문이다. 그래서 보통 사람들은 그 변동성을 보고 처음 생각했던 자신의 투자 확신을 지켜내지 못한다.

그런데 코인은 24시간 내내 움직이므로 우리나라의 사건뿐만 아니라 전 세계의 모든 사건에 반응하며 전 세계 시장의 심리가 시장을 움직이므로 주식보다도 훨씬 더 예측하기 어렵고 변동성의 폭이 큰 시장이다. 돈을 이체해서 코인을 사기만 하면 되니까 다른 투자들보다 쉬워 보이지만 내가 생각하기에 코인은 가장 어렵고 위험한 투자이다.

코인은 두 번 다시 안 하겠다며 탈퇴해 버려서 손실 증거가 없는 점이 아쉽다.

공부하고 주식 하는 사람은 소수다

주식은 전 국민 투자 종목이다. 내가 학생일 때는 주식이라는 것을 알지 못했는데 요즘은 중학생과 고등학생들도 주식에 투자한다고 한다. 이처럼 사회 초년생 시절 가장 접하기 쉬운 투자 종목이 바로 주식 아닐까 생각한다. 소액으로도 가능하고 유튜브 검색만 해봐도 주식으로 큰돈 벌었다며 강의하는 사람들을 쉽게 찾아볼 수 있기 때문이다.

그런데 희한하게도 주식 시장에는 친절한 사람들이 정말 많다. 직장 동료들 그리고 친구들을 비롯해 얼굴만 아는 동네 아저씨까지도 물어보지도 않았는데 어떤 종목을 사라고 알려준다. 이미 뉴스에 다 나온 내용인데 본인만 아는 고급 정보라며 수익률 예측까지 해준다. 여기서 웃긴 사실은 내게 주식을 알려준 그 사람에게 돈 좀 땄냐고 물어보면 다 물려 있다는 것이다.

난 참 불행하게도 코인으로 뼈저린 손실을 경험했는데 시간이 흘러 나중에 주식으로도 몇천 만 원을 날렸다. 코인과 주식으로 날린 돈으로 벤츠 E클래스를 살 수 있었을 것이다.

출처 : 신한알파 앱

솔직히 말해 나는 주식을 공부해서 투자한 적은 없다. 주위에서 주식 좀 잘 안다는 소위 아는 형들의 귀띔으로 5일선, 10일선 정도는 알았는데 어떤 회사인지도 모르면서 마치 호재를 나만 아는 것인 양 뭔지 모를 감을 가지고 투자했다. 아마 대부분 주식 투자자가 나처럼 감에 의존한 투자를 하고 있지 않을지 생각한다.

추후 나올 얘기지만 부동산 투자로 큰 수익을 냈었는데 마침 33세 되던 해 코로나로 인해 모든 주식이 폭락했었다. 그때 같은 팀에 근무하는 주식 좀 잘 아는 형이 찍어주는 바이오주에 투자해 쏠쏠하게 수익을 보고 있었다. 그렇게 또 자신감에 차서 인생 역전의 가능성이 보였고 바이오주 한 종목에 1억 원이 넘는 돈을 전부 태웠다가 결국 손절매했다. 소중한 2천만 원이 넘는 돈을 쓰레기통에 처박게 된다. 그나마 다행이라고 생각하는 점은 3년이 지난 지금도 그 종목은 내가 손절매했던 가격보다 10분의 1도 안 되는 가격에 거래되고 있다는 점이다.

주식으로 망한 사람은 주변 가까이에 항상 있다

나의 손절매 경험에 이어 주식의 위험성을 직접 목격했던 아는 형의 사례를 소개해보겠다.

때는 29세 코인 투자에 실패해서 힘들었을 때로, 내게 두 번의 기회를 제안했던 형과 같이 근무했을 때 같은 팀에 있었던 또 다른 형의 이야기이다. 나보다 네 살 정도 많았고 진짜로 착한 형이었다. 쉬는 날이면 한 뼘 두께 정도 되는 누더기가 된 A4용지 더미를 항상 들고 다녔는데 주식 투자 공부 자료들과 수많은 차트 분석 자료들이라고 했다. 그런데 나중에 그 형과 같이 술을 마시다가 충격적인 사실을 듣게 된다. 집에서 결혼하라고 마련해준 1억 원과 지금까지 근무하며 모은 1억 원, 그리고 신용거래로 얻게 된 1억 원의 빚 다 합쳐서 주식으로 3억 원의 손실을 봤다는 이야기였다.

참 웃기게도 그때 난 자기방어 본능이 있었는지 그 이야기를 듣고는 주식으로 3억 원을 날린 형도 있는데 코인으로 3천만 원 날린 것은 그나마 다행이라며 나 자신을 위로했다.

저축과 투자는 때가 있다

코인과 주식 투자로 많은 돈과 시간을 낭비했다. 만약 투기성 투자에 손대지 않고 착실히 저축했다면 부동산에 투자할 자금을 더 빠르게 모았을 것이다. 그리고 코인과 주식 호가창을 매일 쳐다보고 있을 시간에 많은 자기 발전을 할 수 있었을 것이다.

지금에서야 웃으며 얘기할 수 있지만, 투자에 실패해서 벼랑 끝까지 망해본 경험은 사회 초년생 시절 굳이 경험할 필요가 없는 악몽이었다.

카지노를 해보니 주식과 비슷하더라

욜로 시절 홀로 미국으로 배낭여행을 떠났을 때 느꼈던 점이 하나 있다. 라스베이거스의 한 호텔 카지노에 가서 5만 원 가지고 경험 삼아 경마 모형의 게임을 해본 적이 있다. 8마리 장난감 말의 컨디션과 우승 횟수가 데이터로 나오고 8마리 중 3등까지만 맞춰도 걸었던 돈보다 돈을 따는 단순한 게임이었다. 그런데 8분의 3의 확률 게임에서도 게임이 지속되자 5만 원 전부를 잃게 되었다. 그 경험은 주식도 경마 게임과 비슷한 도박이라는 생각을 내게 심어줬다. 말에 대한 컨디션과 우승 전적 정보를 다 보고 8마리 중 단 3마리를 골라내는 것도 힘든데 회사들의 재무제표를 보고 분석해서 2,000개가 넘는 종목 중 상승할 종목을 찍어내는 것은 승마 게임보다도 확률이 더 낮지 않겠는가.

마찬가지로 기업 분석이 투자에 유효하다면 회계사 중 주식 부자가 많을 것이다. 또 차트 분석이 유효하다면 통계학자 중 주식 부자가 많을 것이다. 그런데 현실은 그렇지 않음에 아이러니하다.

로또도 매주 1등 당첨자가 몇 명씩은 나온다

당연히 로또도 매주 1등 당첨자가 나오듯이 코인과 주식으로도 대박 낸 사람들이 가끔 나온다. 그러나 로또 당첨 1등이 누구나 쉽게 될 수 있는 것이 아니듯이 주변을 돌아보면 코인이나 주식으로 큰돈 번 사람을 찾아보기는 쉽지 않다. 그만큼 어려운 게 코인과 주식 투자다.

로또 1등과 같은 한탕의 인생 역전을 바라기보다는 노력해서 스스로 만들어 낸 인생 역전이 훨씬 의미가 크다. 흙수저든 누구든 재테크를 통해서 인생 역전을 만들어내는 것은 충분히 노력으로 가능한 일이다. 한탕으로 끝나버리는 게 아닌 평생 사용할 수 있는 재테크 기술을 익혀야 한다. 그래야 지속적인 부를 쌓을 수 있다.

모든 투자는 원래 위험한 것이다

투자는 항상 위험하다는 것을 명심해야 한다. 나의 경험 사례들은 저축해야 할 때 투자를 했다가 잘못되면 모든 노력이 원점으로 돌아가거나 오히려 빚쟁이가 될 수도 있다는 점을 보여준다. 그리고 코인이나 주식 같은 투자를 하게 되면 손실 발생 시 물타기를 하기 위해서 저축해야 할 돈을 재투자하기 마련이다. 그렇게 마음먹은 매월 저축계획은 물거품이 되고 거기서 추가 하락하게 되면 상황은 더 악화일로에 빠지게 된다.

주변에서 코인과 주식으로 큰돈을 벌었다는 헛된 유혹을 이겨내야 돈을 모을 수 있다. 열심히 저축해서 목돈을 마련하고자 하는 독자분이 있다면 저축할 때와 투자할 때를 분명히 구분해서 한 가지에 집중하라고 조언한다. 그렇지 않으면 나와 같은 실수를 저지를 확률이 높다.

4장

차가운 현실에 대한 망각

언젠가는 가난한 현실을 마주한다

비교되는 사람을 만나면 그제야 현실을 깨닫는다

막 30대에 접어든 겨울 무렵 직장 입사 동기들과 신년회 겸 술자리가 있었고 형 2명과 동생 1명 그리고 나, 총 4명이 한 테이블에 자리하였다. 이런저런 이야기들을 하다가 직장인이 된 후 지난 4년 동안 본인들이 얼마를 모았는지가 주제가 되었다. 형 2명은 적당히 소비하면서 평범하게 모아 3천만 원과 5천만 원을 모았다고 얘기했다. 난 욜로 생활을 하며 모은 자금이 없고 직장인 신용 대출을 받아 코인에 투자했다가 3천만 원의 빚이 생겼다고 웃으면서 말했다.

그런데 나보다 세 살이나 어린 동생이 이렇게 말했다.

"전 연애도 안 하고, 차도 안 사고, 여행도 안 가고, 식대도 아껴서 1억 원을 모았어요."

"형들은 많은 경험을 해서 부럽네요. 저도 이렇게 돈을 안 쓰고 모으기만 하는 것이 잘살고 있는 건지 모르겠어요."

나보다 한참 어린 동생의 그 말을 듣고 커다란 현실 타격감이 찾아왔다. 그런데 속없이 높은 자존심으로 무장된 나는 이렇게 자기방어성 말을 했다.

"맞아! 난 돈을 모으는 대신 젊었을 때 돈 주고도 못 살 경험을 많이 했어. 돈만 모으다가 언제 죽을지도 모르는데 많은 경험을 젊어서 해보는 게 좋다고 생각해."

모임이 끝나고 집으로 돌아가 현실을 직시해보니 어느덧 문득 30세가 되어 있었다. 결혼을 대비한 자금도 생각해서 적어도 전세금 5천만 원이라도 모아놨어야 했는데 돈을 모으기는커녕 갚아야 할 빚이 3천만 원이었다. 흙수저에서 벗어나기 위해 열심히 공부해서 직장인이 되었는데

4년을 일하는 동안 돈 한 푼 못 모은 내 인생 방식이 무언가 문제가 있음을 드디어 깨닫는다. 그때부터 180도 다른 인생을 살기로 마음먹고 3천만 원을 빠르게 모아서 우선 그 빚을 갚는 것을 단기목표로 삼았다. 즉시 신용카드를 없앤 후 소비를 줄여 저축하고 나를 이렇게 만든 장본인인 코인과 같은 투기성 투자는 쳐다보지도 않았다.

대한민국은 비교 공화국이다

이전 사례와 같이 다른 사람과의 비교를 통해 나의 문제점을 발견하고 수정해서 올바른 길을 다시 찾는다면 좋은 시너지가 될 수도 있다. 그러나 남과 비교해서 열등의식을 느낀 나머지 거짓된 인생을 살게 되기도 한다. SNS에서 소위 잘나가 보이는 사람들이 부러워 자신도 마치 잘나가는 사람처럼 보이기 위해 사치품을 사거나 고급 수입차를 따라 사기도 한다. 현실에서의 자신은 부자가 아닌데 그들을 따라 하는 것은 부자인 척하는 사치와 거짓된 삶일 뿐이다.

나는 실제로도 SNS를 아예 사용하지 않는데, 자랑질하며 올리는 글 대부분이 부자인 척하는 사람들의 거짓된 삶으로 도배되어 있다는 것을 알고 있기 때문이다.

비교라는 잣대는 배울 점이 있는 내실이 멋진 사람에게 들이대고 그런 사람이 되기 위해서 사용해라.

돈이 행복의 기준은 아니지만, 조건은 된다

"하늘이 어떤 사람에게 큰 사명을 내리려 할 때는 먼저 그의 심지를 괴롭게 하고…, 마음을 격동시켜 성질을 참게 함으로써 그가 할 수 없었던 일을 더 많이 할 수 있게 하기 위함이다."   － 맹자,『고자장』中

이제야 현실을 깨달아 결혼자금이라도 스스로 마련해보려고 필사적으로 절약과 저축을 열심히 하고 있을 때였다. 일하고 있는데 느닷없이 동생에게 한 통의 전화가 왔다. 고향에서 어머니와 함께 지내고 있는 이제 겨우 중학생인 여동생의 전화였다.

"엄마가 유방암 2기에 걸렸다는데 우리 어떻게 해 오빠?"
"뭐라고?"
"…."

우리 집은 내가 어렸을 때부터 가족 친지들과 왕래가 없었기 때문에 새아버지가 교통사고로 급작스럽게 돌아가신 일을 빼고는 주변에서 늙고 병든 사람을 직접 겪어본 적이 없었다. 하늘이 무너지는 듯한 청천벽력과 같은 소식이었다. 어머니께 바로 전화를 걸었다.

"수술해야 한다는데 엄마가 당장 현금이 없으니까 보험료 받으면 줄게. 몇백만 원만 빌려줘."

"엄마 진짜 미안한데 빌려줄 돈이 없어."

"여태까지 뭐 했길래 엄마 수술한다는데 빌려줄 돈도 없냐, 너 내 자식 맞냐?"

어머니가 암에 걸렸는데 도와드릴 돈이 없던 상황은 지옥이었다

직장 생활을 4년 동안이나 했는데 모은 돈 하나도 없이 빚만 몇천 만 원이 있다고 도저히 말씀드릴 수가 없었다. 지금 글을 쓰면서도 그때의 상황을 떠올리면 지옥 같고 너무나 가슴이 아프다. 그러나 그 당시 정말로 어찌할 방법이 없었다. 결국 돈 한 푼도 못 도와드렸는데 다행히 그 이후 어머니는 5년간의 항암치료를 이겨내시고 완치 판정을 받으셨다. 흙수저로 태어난 것도 아프지만 살면서 내가 만들어 낸 흑역사도 아팠다. 돈이 있고 없음이 행복의 기준이 되는 건 아니지만, 최소한 나에게 소중한 사람을 지켜낼 수 있는 자격 조건은 된다는 걸 뼈저리게 깨달았다.

간혹 '돈 많이 벌어봤자 뭐해?'라고 말하는 사람들이 있다. 돈이 많다고 행복이 높아진다기보다 갑작스럽게 찾아오는 불행에 할 수 있는 선택이 많아진다. 선택조차 할 수 없는 상황이 곧 불행이다.

5장

무주택자였기 때문이다

내 집 마련 진짜 별거 없는데

단칸방 6평짜리에도 급이 있다

낙성대역 근처 원룸에서 신림역 근처 원룸으로 밀려갔다. 2호선 지하철 라인은 강남역에서 거리가 멀어질수록 집값이 저렴해진다. 자본주의 사회에서 더 비싼 돈을 내면 더 편한 서비스를 제공하는 건 당연한 이치다.

30살에 뒤처진 현실을 깨닫고 각성한 이후 열심히 빚을 갚았다. 보증금 5백만 원에 월 40만 원의 6평짜리 원룸에서 월세로 살고 있었는데 이제야 전세로 옮겨서 월 지출액을 줄여야겠다는 생각이 문득 들었다. 직장인 신용 대출을 최대치까지 실행해서 신림역 근처 전세 보증금 5천만 원의 양지병원 뒷산 꼭대기에 있는 원룸으로 옮겨갔다. 단지 은행에서 돈을 빌려 월세에서 전세로 옮겼을 뿐인데도 마치 내 집이 생긴 것처럼 마음이 편해졌다.

강남에 있는 고시원에서 낙성대역 근처 원룸으로 그리고 신림역 원룸으로 점점 멀어져 왔다. 마치 호텔에도 가격에 따라 5성급부터 급이 나뉘어 있듯이 말이다.

집 살 생각이 든 것은 고양이 덕분이었다

혼자 서울에 올라와서 자취생활을 하다 보니 심심한 시간이 많아졌다. 어머니와 고향 집에서 같이 살고 있을 때 어머니의 반대로 꿈도 못 꿨던 애완동물을 키우고 싶었다. 그렇게 고양이 한 마리를 분양받게 된다. 그때부터 새벽마다 고양이와의 싸움이 시작되었다. 고양이는 야행성 동물이라서 속도 없게 새벽만 되면 내 위를 날아다녔다. 잠에 예민한 나는 수면의 질이 점점 나빠졌는데 단칸방 원룸이라 따로 둘 데도 없고 돌아버릴 지경이었다. 그렇게 스트레스 속에 몇 달이 지났고 이 상황을 어떻게 해결해야 하나 고민 끝에 문득 이런 생각이 떠올랐다.

'원룸 전세가 5천만 원인데 겨우 방 하나 더 있는 투룸은 1억~1억 5천만 원 정도 하지 않을까? 전세 자금 대출이라는 게 있던데 신용 대출까지

더하면 가능하지 않을까?'

그렇게 그 당시 유명했던 부동산 프롭테크 앱에 접속해서 신림역 근처 투룸 전세 시세를 검색했다. 그런데 말도 안 되는 상황에 기겁하고 말았다. 투룸 전세 시세가 전부 다 2억 원이 넘는 것이었다. 말도 안 되는 상황에 막다르면 지금까지 미처 생각지 못한 기지가 떠오르기도 한다.

'원룸이 5천 ~7천만 원인데 방 하나 더 있다고 이 가격이 말이 돼?'
'아니, 2억이면 차라리 오래된 아파트를 살 수 있는 가격 아닌가?'

고향인 전북 전주시에서 아파트 가격이 최초로 1억 원을 넘었다고 대학생 시절 뉴스에서 본 기억만 있었다. 아파트에서 살아본 적이 한 번도 없었기에 아파트 시세가 보통 얼마나 하는지 당연히 아는 게 없었다. 오히려 몰랐기에 호기롭게 도전할 수 있었다. 나는 당장 투룸 전세 시세 검색창에서 아파트 매매 시세 검색창으로 앱 검색 설정을 변경하고 지도를 훑어보기 시작했다. 신림역에서 멀지 않은 곳에 2억~2억 5천만 원 근처로 살 수 있는 아파트가 밀집된 지역을 1분 만에 찾아냈다. 바로 안양시의 평촌이었다.

단 하루 만에 아파트를 계약했다

그 당시 같이 근무하던 팀장님이 날 아껴주셨는데 그분은 이미 아파트를 여러 번 투자한 경험이 있어서 부동산에 대해 잘 알고 계셨다. 출근해서 팀장님께 물었다.

"투룸 전세 시세를 알아보다가 2억 원이 넘어서 충격받았어요. 평촌이라는 지역에 2억 원대의 아파트들이 있던데 대출로 집 매수하는 것에 대해서 어떻게 생각하세요?"
"내 집 하나는 무조건 사는 게 좋아. 잘 생각한 것 같아."
"제가 집에 대해서 잘 모르는데 같이 가주실 수 있을까요?"

퇴근하고 쉬는 날 앱에서 미리 검색해 둔 아파트 근처의 부동산 사무실에 팀장님과 함께 방문했다. '하늘은 스스로 돕는 자를 돕는다고 했던가?' 부동산 사장님도 너무나 친절하셨고 젊은 나이에 아파트를 매수하려는 나를 적극 응원하셨다.

난생처음 아파트들을 보러 다녔고 저렴한 17평 대의 아파트 단지 중에서 지하 주차장도 있었고 가격도 저렴한 로열동, 로열층의 물건이 유독 눈에 띄었다. 베란다 창문으로 초등학교, 중학교, 고등학교가 한눈에 보였고 평촌의 대장 아파트가 병풍처럼 보였다. 너무나 살기 좋아 보이는 집이었다. 집으로 돌아온 후에도 그 물건이 눈앞에서 아른거렸다. 다음 날 출근해서 팀장님께 이 물건을 사겠다고 말씀드렸다. 너무 성급한 게 아니냐고 조금만 더 생각해보라고 말리셨지만, 원래부터 성격이 급하고 실행력이 빠른 나였기에 어차피 살 거 시간을 지체할 이유가 없었다. 그렇게 집을 보고 나서 하루 만에 가계약금을 송금한다.

영끌이 쉬울 것 같지만, 쉬운 일이 아니다

초보자들이 모르는 사실이 하나 있는데 집을 살까 말까 고민할 때와 어떤 집을 살까 고민할 때보다 훨씬 힘든 일은 잔금을 무사히 치르는 과정이다. 전액 현금으로 살 수 있는 돈 많은 부자들은 논외다. 집을 사야겠다는 마음을 먹은 직후 바로 대출 가능 금액을 알아보러 은행에 갔다. 빚을 이제 얼추 다 갚아내느라 현금이 하나도 없었기 때문에 직장인 신용 대출 최대금액과 주택담보대출 LTV 최대금액인 70% 실행이 가능한지 등 확인해야 할 게 넘쳐났다. 필요한 대출 심사 서류들을 준비하느라 왔다 갔다 하다 보면 진이 빠진다.

또 다른 힘든 점은 대출에 대한 막연한 두려움이었다. 원룸 전세 자금 마련을 위해서 5천만 원 정도의 대출은 받아봤으나 돈 한 푼 없는 내가 2억 원이 넘는 돈을 풀 대출 하려고 하니 막상 무서운 생각이 들었다. 아마 어렸을 때부터 빚은 무서운 거라고 주입식으로 못 박히게 들었던 잘못된 경제 교육 때문일 것이다. 물론 계약서를 쓰기 전에 은행으로부터 얼마까지 대출이 가능한지 확인하고 계약을 진행했다. 그런데도 혹시나 대출이 불미스러운 일로 실행이 안 되어 계약금을 날리면 어쩌나 하는 불안감은 잔금 치르는 날까지 계속되었다.

나중에 몇 년이 지나고 보니 내가 집을 매수했던 방식은 영끌로 불려 있었고 그렇게 난생처음 은행의 도움을 빌려 내 돈 하나 없이 집을 사게 된다. 농담 같겠지만 영끌도 어렵다.

지나고 보니 기막힌 타이밍이었다

2018년 7월 18일, 아파트 매수 계약서를 작성했고, 1개월 후인 2018년 8월 20일에 '은행이 그 많은 돈을 나한테 진짜로 대출해 줄까?'라는 걱정 속에서 무사히 잔금을 치르게 된다. 규제를 피해 잔금일을 앞당겼다.

잔금을 치르고 나서 불과 1주일 후 2018년 8월 27일, 평촌이라고 불리는 동네가 위치한 안양시 동안구가 청약조정대상지역에 지정된다. 만약 내 집을 마련해야겠다는 생각이 조금이라도 늦었더라면 주택담보대출 상한선인 LTV 비율 70%가 아닌 하향 조정된 60%만 대출이 가능해 자금 부족으로 집을 사지 못했을 것이다. 게다가 부동산에 관심이 없어서 나만 몰랐던 그 규제는 이미 예고된 것으로 안양시 동안구에 있는 모든 아파트가 가격 조정을 이미 한차례 받았을 때였다. '대출 규제도 간발의 차이로 지나가고 이미 조정받은 저렴한 가격에 아파트를 살 수 있었던 이유는 내가 투자 공부를 했기 때문일까 아니면 빠른 실행이었을까?'

아파트 매매 계약서

아래 부동산에 대하여 매도인과 매수인은 합의하여 다음과 같이 매매계약을 체결한다.

1.부동산의 표시

소 재 지	경기도 안양시 동안구					
토 지	지목	대	대지권(비율)	25522.5분의22.248	면적	22.248 ㎡
건 물	구조	철근콘크리트	용도	주거용	면적	39.6 ㎡

2.계약내용

제1조 [매매대금 및 지급시기]　①　매도인과 매수인은 매매대금 및 지불시기를 다음과 같이 약정한다.

매매대금	一金 이억삼천사백만	원整은 (₩ 234,000,000)
계 약 금	一金 이천만	원整은 계약시에 지불하고 영수함 영수자 印
중 도 금	一金 일천만	원整은 2018 년 08 월 10 일에 지불하며,
	一金	원整은 년 월 일에 지불한다.
잔 금	一金 이억사백만	원整은 2018 년 09 월 14 일에 지불한다.
융 자 금	一金	원整은 현상태에서 승계한다.

②　제1항의 매매대금은 달리 정함이 없는 한 개업공인중개사의 입회하에 지불하기로 한다.
제2조 [소유권이전]　매도인은 매매대금의 잔금을 수령함과 동시에 소유권 이전등기에 필요한 모든 서류를 교부하고 위 부동산을 인도하여야 한다.
제3조 [제한권 등 소멸]　매도인은 소유권의 행사를 제한하는 사유나 공과금 기타 부담금의 미납이 있을 때에는 잔금수일 이전까지 그 권리의 하자 및 부담등을 제거하여 완전한 소유권을 이전하여야 한다. 다만, 달리 약정한 경우에는 그러하지 아니하다.

집을 샀더니 이런 게 달라지더라

공간이 커지니 생각의 크기가 커진다

빚에 허덕이며 6평짜리 원룸 단칸방에서만 전전긍긍하다가 집값이 비싸다고 알려진 수도권에 내 집을 마련했다. 비록 전부 다 은행 돈이지만 첫 내 집을 마련해서 입주할 때의 그 기분은 집을 사본 사람만이 느낄 수 있는 행복한 기분이다. 가장 큰 변화는 거주하는 공간이 커진 것이었는데 인간이 쾌적함을 느끼는 공간의 크기가 계속 커지고 있다고 한다. 1인 기준으로 8평이 쾌적함의 기준이었는데 최근에는 10평 이상으로 잡는다고 한다. 집은 그곳에 거주하는 사람의 꿈을 담는다는 말이 있다. 커진

공간감과 그 공간을 소유했다는 안정감은 꿈의 크기를 키워 줄 영감을 주었다.

삶의 여유를 만들어 준다

블루투스 스피커로 음악을 틀고 베란다에 작은 카페처럼 꾸민 테이블에 앉아 초등학교 운동장에서 뛰노는 아이들의 웃는 얼굴을 보며 커피 한잔할 때의 여유가 너무 좋았다. 어렸을 때부터 아파트에 사는 친구들이 부러웠고 특히 거실에 소파가 있는 게 너무나 부러웠었다. 그런데 내 소유로 된 아파트 거실에 놓여 있는 큼지막한 소파에 누워서 TV 볼 때의 만족감은 마치 천국이 따로 없었다. 그리고 음식을 해 먹기조차 비좁고 환기도 안 되는 원룸에서 지낼 때는 배달 음식이 주식이었는데 나만의 넓은 주방과 식탁이 생기자 요리를 해 먹기 시작했다. 그렇게 나는 어느새 집돌이가 되었다.

주변에서 나를 바라보는 시선이 달라진다

회사에 있을 때 이미 집을 마련한 직장 상사와 동기들의 부동산 얘기에는 관심도 없었는데 이제는 그들과 마치 동지가 된 것처럼 부동산 이야기가 대부분의 대화 주제로 바뀌었다. 어머니는 만나는 친구분들에게 자랑인 듯 자랑 아닌 듯 아들이 수도권에 집을 샀다며 말씀하셨다. 그리고 고향에 가서 간혹 친구들과 만나 집 샀다고 말하면 표정이 바뀌었다.

솔직히 내 돈은 하나도 없이 100% 은행 돈인데 단지 수도권에 내 집을 마련했다는 이유로 사회의 평가가 달라졌다.

원리금을 상환하는 데도 오히려 저축액이 늘어난다

내가 받은 주택담보대출은 30년 만기 원리금 상환 방식이었다. 원금과 이자를 매달 같이 상환하는 방식이다. 매달 월급날만 되면 원금과 이자가 자동이체로 빠져나가는 게 눈에 보이니 소비는 자연스레 줄어들었고 그저 원금을 갚았을 뿐인데 그것이 곧 저축이 되었다. 총각들은 오히려 집을 마련해야 돈을 모은다는 말을 들었었는데 그 말은 경험해보니 진짜였다. 아파트를 매수한 지 2년 조금 넘는 시간이 지나서 매도할 무렵 원금만 무려 천만 원 넘는 돈이 상환되어 있었고 그것은 아파트 매도 수익금에 그대로 플러스되었다. 요즘 50년 만기의 주택담보대출 상품이 출시되었고 50년 동안 언제 그 빚을 다 갚느냐는 어이없는 신문 기사를 봤는데 아마도 집을 한 번도 안 사본 기자분이 기사를 쓰지 않았나 싶다. 만약 죽을 때까지 아파트 한 곳에서 50년 동안 실거주할 거라면 그분 말이 맞겠다.

소비할 때와 차원이 다른 만족을 준다

처음으로 국산 중형 세단 중고차를 샀을 때도 기분이 좋았다. 그런데 차를 샀을 때 좋았던 기분의 지속 기간은 딱 한 달이었다. 돈도 없는데 매달 버려지는 캐피탈 할부 이자 비용과 시간이 흐를수록 떨어지는 중고차 가격이 걱정되기 시작했다. 애지중지한다며 셀프세차장에서 2시간씩 정성 들여 세차에 허비한 돈과 시간도 아까워졌다. 그러나 아파트 등기부등본의 소유는 오히려 시간이 흐를수록 차원이 다른 만족감을 줬다. 오래 갖고 있어도 가치가 떨어질 것이라는 불안감도 없었고 혹여나 결혼 상대가 생겨도 비록 빚이지만 신혼집으로 쓸 수 있는 내 집을 마련해뒀다는 안정감은 차를 살 때의 그것과 분명히 달랐다. 즉 소비재로 얻을 수 있는 순간의 쾌락보다 오랫동안 지속될 수 있는 만족을 주는 자산 소유가 훨씬 큰 행복이라는 것을 깨달았다.

자연스레 부동산을 공부하게 된다

어떤 사람도 자신이 소유한 자산의 가격이 오르는지 떨어지는지 관심 없는 사람은 아마도 없을 것이다. 간혹 확인하게 되는 주변 아파트 시세와 우리나라 부동산 전체 시장에 영향을 주는 정부의 정책과 세계 경제의 흐름 등 굳이 누군가가 알아보라고 알려주지 않아도 스스로 찾아보게 된다. 그렇게 한 지역의 부동산 시세 박사가 되고 평소 보지 않던 인터넷 부동산 관련 기사들을 찾아 들락거리게 된다. 부동산에 관심도가 점점 상승하고 마침내 부동산 등기부등본을 하나 더 갖고 싶다는 생각에 이른다. 집을 한번 사본 사람이 계속해서 집을 사는 이유는 생각보다 집을 사는 게 쉽고 주변에서 집 사서 돈 번 사람이 생각보다 많다는 사실이 이제야 보이기 때문이다.

다른 분야의 부동산에 대한 이해력이 높아진다

처음에는 어려워 보이지만 아파트 매수와 매도의 전체 프로세스를 딱 한 번이라도 직접 경험해 본 사람은 부동산 투자가 생각보다 쉽다는 걸 비로소 알게 된다. 다양한 분야의 부동산 투자를 직접 해보면 알게 되는 사실인데 세부적인 내용만 다를 뿐이지 거의 비슷한 프로세스를 가지고 있다. 예를 들어 주택과 비주택의 세금 계산 방법의 차이 또는 시세 차익형과 임대 수익형 투자의 수익률 계산 방법의 차이 등 세부적인 내용에서 약간씩만 다르다. 그렇기에 투자를 한 번이라도 경험해 본 사람은 다음 투자 대상을 다른 분야로 넓힐 때 세부적인 사항만 조금 알아보더라도 금방 이해할 수 있다.

수익률로 직결되는 세금

내 집을 마련하게 되면 대표적으로 3가지의 세금을 마주하게 된다.

- 집을 매수할 때 내는 취득세
- 집을 가지고 있을 때 내는 재산세

- 집을 매도할 때 내는 양도소득세

부동산 투자의 성공과 실패를 가르는 가장 중요한 요소는 바로 세금이다. 세금을 합법적인 테두리 안에서 가장 조금 낼 수 있어야 매도할 때 수익률이 그만큼 올라가기 때문이다. 취득세는 법정수수료로 취득하는 주택 수마다 일률적으로 정해져 있고, 또 부동산 사장님께서 계약할 때 다 알려주시기 때문에 어렵지는 않다. 그러나 일시적 1가구 2주택을 이용한 투자, 다주택 투자 등 갖고 있던 아파트를 매도하고 다음 투자로 이어질 전략을 구상하려면 어느 정도의 세금 지식이 있어야 한다. 그렇다고 세무사분들도 어려워하는 세금을 전부 알 정도로 공부하라는 것은 절대 아니다. 인터넷에 검색해보면 부동산 세금 분야 전문인 세무사분들을 초빙해서 진행하는 3시간짜리 저렴한 세금 특강이 있다. 그 정도만으로도 부동산 투자하는 데 필요한 세금 지식은 충분하다.

세금은 세무서 직원이라도 믿지 말고 스스로 공부해야 한다

세무서 공무원분들을 비난하려는 의도가 절대 아님을 먼저 밝힌다. 세금 정책이 워낙 시시때때로 변하기에 세무서 공무원분들도 모든 정책을 전부 파악하기 힘들 것이다.

다음은 아파트를 매도했을 때 실제 겪었던 일이다. 몇 가지 요건을 갖추면 일시적 1가구 2주택 제도를 이용해서 2주택 모두 비과세로 매도 가능한 방법이 있는데 모든 요건을 이미 충족한 상태였다. 그런데도 혹시 몰라서 국세청 홈택스 및 개인 세무사 유료상담으로도 문의해봤더니 비과세라고 분명 답을 받았고 1년 사이에 2주택 모두를 처분했던 일이 있었다. 그 당시 일시적 1가구 2주택 요건을 갖춘 2주택이 아니라, 단순한 2주택인 경우 1주택을 매도한 날로부터 남은 1주택을 2년간 더 보유 해야만 비과세가 되는 규정이 신설됐었다. 별개의 법조문인데 세무서마다 해석이 달랐고 부동산 사장님들도 답이 달랐다. 남은 2번째 아파트를 매도 후 세무서에 방문해서 비과세 대상이라고 신고했는데 불안했던 나의 예감대로 몇 개월 후 지방 세무서에서 전화가 왔다.

"선생님은 1주택 팔고 나서 남은 1주택을 2년 동안 보유하지 않고 파셨으니 양도소득세를 내셔야 합니다."

"저기요. 그 규정은 단순한 2주택자만 적용되는 규정이고 저는 일시적 1가구 2주택자에 포함되어 비과세라고 국세청으로부터 답변받았습니다."

"아닙니다. 보유 2년을 채우지 않고 같은 해에 2주택 전부 처분하셨으니 양도소득세를 내야 합니다."

"아니라니까요! 그 규정은 저랑 해당 없다니까요? 한번 확인 좀 해보세요."

지방 세무서 공무원과 고성이 오갔고 결국 1시간 뒤 다시 전화 와서는 "선생님 말씀이 맞았네요. 비과세 맞네요."라며 사과도 없이 끝맺었다.

기본적인 세금 지식이 없었다면 눈 뜨고 7천만 원이 넘는 세금을 뱉을 뻔했다. 국가가 세금을 개인에게서 가져갈 때는 온갖 이유를 대며 칼같이 가져가는데, 개인이 세금을 안 내도 되는 것은 스스로 공부하고 일일이 소명해서 지켜야 한다. 참 안타깝다.

세금 정책에 따라 투자 방법이 변하니 항상 주시해라

2017년 정권이 바뀐 후로 전국적인 집값 폭등장으로 이어진 2021년까지 거의 매달 빠지지 않고 부동산 규제 정책이 쏟아졌다. 다주택자를 공공의 적으로 여겨 모든 세금이 강화되고 임대사업자 제도까지 철폐시켜 버린다.

그런데 정부가 의도한 것과 다르게 집값이 잡히기는커녕 계속 올라갔고 투자자들의 돈이 규제를 피해 다른 곳으로 흘러 들어가는 풍선효과가 나타났다. 상품성이 낮은 공시지가 1억 미만의 아파트와 상대적으로 덜 오른 빌라 등 평소 시세가 잘 움직이지 않는 소외된 주택 자산까지 상승했다. 이어서 주택에만 쏟아진 세금 규제를 피해 비주택 자산들(상가, 꼬마빌딩, 토지, 지식산업센터, 도시형 생활 숙박, 공장 등)까지 상승하게 된다.

부동산 정책이 자산시장에 어떻게 영향을 미치는지 단편적인 예를 들어봤다. 즉 정부의 부동산 정책과 부동산 투자 시장은 떼어내고 싶어도 뗄 수 없는 관계다. 평소에도 부동산 뉴스와 발표되는 정책들을 관심 깊게 보고 그것이 시장에 어떤 영향을 미칠지 판단할 수 있는 능력과 빠르게 대응하는 실행력을 갖춘 사람들은 부동산 시장에서 높은 수익을 낼 수 있다.

집값은 왜 올라가는 걸까

짜장면 값과 집값은 장기적으로 우상향했다

이전 글에서도 언급한 적 있는데 막 대학교에 입학하던 무렵 어렴풋이 인터넷 뉴스에서 이런 기사를 봤던 기억이 있다.

'전주시 ○○아파트 최초로 1억 원 돌파!'

대략 15년 정도가 흘렀고 오랜만에 글을 쓰다가 생각나서 그 아파트 시세를 검색해봤다. 2021년도 대세 상승장에서 8억 원까지 올라갔다가 2023년 현재 6억 원 부근에서 실거래되고 있었다. 그 당시 나를 포함해서 전주시 사람들의 반응은 하나같이 똑같았다.

'무슨 전주시 아파트값이 1억 원이 넘어? 거품이네.'

전주시는 내가 오랜 시간을 보낸 정겨운 고향이지만 마음 아프게도 사실을 언급하자면 전국의 모든 자치도 중에서 도민 평균 소득이 제일 낮고 전국 집값이 폭등할 때도 가장 느리게 상승을 따라갔던 지역이다. 그런데 그런 지역의 아파트 가격도 장기적으로 우상향했다. 그렇다면 다른 지역의 집값은 그동안 얼마나 많이 올랐을지 굳이 언급하지 않아도 될 것이다. 당장 쉽게 확인 가능한 방법은 네이버 부동산에서 자신이 거주하고 있는 지역 중 사람들이 적당히 선호하는 동네의 아파트 하나를 찍고 10년 동안 그 아파트 가격이 어떻게 변화했는지 그래프만 확인해봐도 알 수 있다. 마치 2천 원 하던 전국의 중국집 짜장면 가격이 8천 원~1만 원으로 천천히 우상향해온 것처럼 말이다.

우리는 자본주의 사회에서 살고 있기에 그렇다

재테크를 막 시작하려고 하는 주변 사람들이 어떤 책을 읽을지 추천해 달라고 하면 나는 고민도 없이 『EBS - 자본주의』를 가장 먼저 권한다. 자본주의 사회에서의 화폐는 빚으로 이루어져 있음을 매우 쉽게 설명한다. 은행에 내 돈을 맡기면 정해진 지급준비율만큼만 남기고 은행은 그 돈을 다시 다른 사람에게 대출로 빌려주는 돈 복사 시스템인 신용창조가 일어난다. 만약 누군가가 빌려 간 돈을 갚게 되면 다른 누군가는 파산하게 되고 은행은 결국 돈을 다시 찍어낸다.

요즘 신문에서 가계부채 증가 관련 기사가 마치 우리나라 경제 위기를 초래하는 것처럼 쏟아지고 있는데 자본주의 시스템을 조금만 이해하면 빚과 화폐의 양은 당연히 증가하는 것임을 이해하게 된다. 한 국가 내에서 돌아다니는 화폐의 양이 증가하면 자연스레 화폐의 가치는 수요와 공급 법칙에 따라서 하락하고, 그 결과 물건의 가격이 상승한 것처럼 보이는 것이다.

가치가 계속해서 떨어지는 화폐를 들고만 있는 사람은 절대로 매년 상승하는 물가상승률을 따라잡을 수 없다. 이 사실만 깨우친다면 내 집 마련을 안 할 이유는 없다. 그리고 재테크 세계에서 우리는 이것을 인플레이션 헤지라고 부른다.

통계에서는 실수요자이지만, 현실은 투자자가 되어라

요즘은 유튜브나 책 같은 매체를 통해 부동산 투자를 위한 지식과 정보를 얻기가 매우 쉽다. 그래서인지 최근 부동산 강의장에 가면 20대 초반의 어린 투자자들도 쉽게 볼 수 있을 정도로 사람들의 부동산 투자 관심도가 예전에 비해 확연하게 높아졌다.

부동산을 젊은 나이에 공부하고 집을 사야겠다는 마음을 먹는 것까지는 좋은데 종종 투자의 오류를 범하는 경우를 보게 된다. 다른 지역에 대한 고려도 없이 자신이 다니고 있는 직장에서 가까운 곳이나 거주하고 있는 지역의 집을 무작정 매수하는 것이다. 즉 같은 기간 동안 집을 보유했을 때 더 높게 얻을 수 있는 수익의 기회를 날려버리는 선택을 하는 것이다.

　기억해야 할 것은 꼭 나에게 집이 필요할 때 매수한다거나, 직장이나 거주하고 있는 지역에서 가까운 집을 매수할 필요는 없다. 수익률을 더 높일 수 있는 지역을 공부해서 찾고 그곳에 내 집을 마련한 후 월세나 전세를 주고 자신은 직장이나 거주지에서 가까운 곳에 똑같이 월세나 전세를 얻어 거주하면 되기 때문이다. 정부가 추정하는 통계에서는 무주택 실수요자이지만 현실은 부동산 투자자가 되는 것이다.

어떤 집을 사야 할까

실 거주 목적과 투자의 목적을 명확히 구분해라

　평촌이라는 지역은 가운데를 가로로 가로지르는 4호선에 의해 위아래로 나뉘고 그것은 다시 양쪽 끝 위치한 범계역과 평촌역을 기준으로 좌우로 나뉜다. 학원가와 상권이 밀집한 범계역 쪽이 가장 시세가 높게 형성되어 있고 상승기에도 가장 먼저 움직인다. 그리고 그 분위기가 평촌역 쪽으로 번져가는 흐름을 가진다. 고양이 덕분에 처음으로 마련하게 된 평촌의 아파트는 부동산에 대해 아무것도 모르는 실수요자의 내 집 마련이었다. 매도했던 시점인 2021년 부동산 폭등장에서 실 거주와 투자를 명확히 구분하지 못하면 수익률에서 어마어마하게 큰 차이가 난다는 것을 경험으로 깨우치게 된다. 지금에서야 복기해보니 내가 가장 크게 실수한 것은 3가지였다.

첫 번째로 입지보다 거주 환경을 중요시했다.

범계역 근처는 그 당시에도 매수할 수 있는 금액대가 아니었기 때문에 고려하지 않았다. 다음으로 평촌역에 바로 붙어있는 가격대가 적당한 아파트 단지가 있었다. 그러나 그 단지 바로 옆에 있는 커다란 공장의 굴뚝 뷰가 아쉬웠고 지하 주차장도 없어 주차가 굉장히 혼잡해 보였다. 다음으로 평촌역에서 800m 정도 북쪽에 있는 가격대가 비슷한 아파트 단지가 있었다. 베란다에서 초중고가 보였고 멀리 관악산도 보였다. 그리고 그 주변 아파트 단지에서 유일하게 지하 주차장이 있어 주차도 굉장히 여유로워 보였다. 사람들이 투자 물건으로 선호하는 초역세권 입지보다 내가 살기에 편한 거주 환경을 택하는 실수를 했다.

두 번째로 애매한 평수를 선택했다.

평촌 지역은 노태우 정부 시절 서울의 주택 부족을 해결하기 위해 한꺼번에 조성된 1기 신도시 중 한 곳이라서 연식도 같고 평형 구조도 거의 같다. 그 당시 내가 매수 가능했던 금액은 17평대의 아파트들로서 방1 주방 겸 거실1 구조였다. 막상 실거주해보니 아이가 없는 신혼부부까진 어찌어찌 가능하겠으나 혼자 살기에 딱 좋은 크기였다. 그만큼 수요층이

좁아지는 것이었다. 인테리어 비용으로 책정해 놓았던 비용을 세이브하고 조금만 무리해서 매수 자금을 딱 3천만 원만 보탰었다면 옆 단지에 있는 방2 거실1 구조인 21평 로열층 물건을 살 수 있었다. 그러나 무리하기 싫었던 나는 결국 17평을 매수하는 실수를 한다. 매수 당시 불과 3천만 원 차이였던 가격은 2년 후인 2021년 아파트를 매도했을 시점에 2억 원 차이로 벌어졌다.

세 번째로 인테리어에 많은 낭비를 했다.

첫 내 집 마련을 하는 사람들이 가장 많이 하는 실수는 그 집에서 마치 평생 살 것처럼 인테리어와 집을 꾸미는 데 너무 많은 돈을 쓴다는 것이다. 불필요하게 많은 돈을 인테리어에 투자하면 매도할 때 그 비용을 회수하는 것이 불가능하고 그 결과 수익률이 낮아지게 된다. 그러나 부동산 지식이 아무것도 없던 나는 인테리어에 많은 돈을 투자하는 실수를 했다.

단점만 있기보다는 장점이 될 경우도 있다. 인테리어가 안 된 집에 비해 높은 월세로 세팅할 수 있었고 빠른 임차인 맞추기가 가능했으며 매도할 때도 투자한 금액 전부는 아니지만, 어느 정도 매매가에 붙여 매도할 수 있었다.

인테리어 관련 Tip

■ 견적은 여러 곳에서 받아봐라

인터넷에서 홍보하는 세련된 인테리어 업체에서 견적을 받아봤고, 아파트 단지 내 상가에 있는 오래된 인테리어 업체에서도 받아봤다. 똑같은 17평 기준인데 대략 700만 원의 견적 차이가 있었다.

■ 아파트 주변 업체를 추천한다

아파트 단지 주변에 있는 업체는 비슷한 평면도에 대한 공사 경험이 축적되어 있어서 해당 아파트에 어울리는 인테리어에 대한 자료가 많고 관리사무소와도 긴밀하게 지내서 전기 배선, 상하수도, 보일러 등 설계도에 대한 이해력이 높아 공사할 때 유리한 점이 많다. 다음으로 가장 큰 장점으로는 인테리어 공사가 끝난 후에도 집에서 가까워서 바로 왔다 갔다 하시며 즉각적인 A/S가 가능하다는 점이다.

■ 호불호가 없는 무난한 인테리어를 해라

'어두운 벽지에 어두운 조명 그리고 회색조의 타일 바닥.' 설명만 들어도 와인바 같은 느낌의 인테리어는 실제 내가 하려고 구상했던 느낌이었다. 그러나 인테리어 업체 사장님은 17평의 좁은 평면은 밝은 톤을 써야 환하게 넓어 보이고 나중에 매도할 때도 무난한 인테리어를 해야 잘 팔린다며 만류하셨다. 천만다행이었다.

■ 목적에 맞는 인테리어를 해라

실거주 목적인지 임대/매도용 목적인지에 따라 많은 부분에서 차이가 있다. 인테리어는 어떻게 하느냐에 따라 가격이 천장까지 뚫고 올라갈 수도 있고 반대로 정말 저렴하게 할 수도 있다. 실거주 목적이라면 고급 자재와 비싼 조명 등 자신이 감당 가능한 비용 안에서 마음대로 선택하면 되지만 투자 목적이라면 가성비 있으면서도 힘줘야 할 포인트에는 적당히 투자하는 어느 정도 감각이 필요하다.

※실제 인테리어를 진행했던 17평 아파트

좋은 입지란 내가 아닌 대중이 선호하는 곳이다

대표적으로 일자리, 교통, 학군이 잘 갖추어진 곳을 입지가 좋은 곳이라고 대중들은 말한다. 수도권에 쏠려 있는 일자리와 가까운 곳에 거주하면 출퇴근의 질이 상승한다. 또 오피스 밀집 지역은 그곳을 중심으로 형성된 상권이 잘 갖춰져 있어 젊은 신혼부부들은 일자리가 있는 입지를 선호한다. 그러나 수도권에서 일자리가 몰려 있는 곳은 집값이 너무 높게 형성되어 있기에 조금 떨어진 배후지역으로 밀려나게 되고 그 결과 일자리까지 편하게 출퇴근이 가능한 지하철 역세권 중심의 교통이 발달한 입지를 선호하게 된다. 일자리와 교통이 우선이었던 젊은 신혼부부들은 아이가 생기고 커가면서 자식 교육에 대한 열정이 생기고 보다 좋은 학교에 보내기 위해 학군이 형성된 입지를 선호하게 된다. 입지는 이런 게 좋은 곳이라고 누가 정해준 게 아니고 자연스레 사회가 발달하면서 좋은 입지의 조건으로 일자리, 교통, 학군이 대중들에게 인식된 것이다.

교통 호재에도 급이 있다

직장에서 친하게 지내는 팀장님이 있다. 어느 날 문득 팀장님이 본인이 소유하고 있는 아파트에 대한 말을 꺼냈다. 최근 일자리가 많은 지역으로 가는 직통버스 노선이 추가로 생겼고 그 지역에 거주하길 원하는 사람들이 본인의 아파트 단지를 선호하게 될 거라며 호재인 듯 말했다. 물론 그 아파트와 직통버스 노선이 이어지는 곳에 있는 일자리를 다니는 사람들 일부는 편의성이 좋아질 수 있다. 하지만 그 지역에 거주하는 사람들 모두가 다목적으로 이용할 수 있는 전철역이 들어서는 것과는 비교할 수 없다.

지하철에도 급이 있는데 강남 같은 일자리 밀집 지역으로 환승 없이 바로 연결되는 곳이 최고고, 일자리로 가는 데 환승이 필요한 곳이 다음으로 좋다. 그 외 노선에서 일자리 밀집 지역이 빠져 있다면 C급 노선이다. 내가 매수하려는 집 근처에 지하철이 들어선다면 당연한 호재이지만 지하철 급에 따라 집값 상승 폭도 다름에 유의해라.

호재는 상승장에서 빛을 본다

집을 마련할 때 위에서 언급했던 입지의 대표적인 3요소를 두루 갖춘 곳이라면 편안한 마음으로 매수해서 오랫동안 보유해도 괜찮다. 그런데 만약 집 근처에 예정된 호재까지 있다면 금상첨화일 것이다. 부동산 가격이 하락할 때는 호재가 발표된다고 해도 움직임이 둔하지만 상승할 때가 되면 호재가 없는 곳에 비해 아파트 시세의 상승 속도와 폭이 훨씬 크기 때문이다.

그렇다고 무작정 호재만 따라다니다 보면 이미 시세가 높게 형성된 물건을 잡게 되고 호재가 실제 공사로 이루어질 때까지 오랜 기간 고생할 수도 있다는 것을 명심하자.

수도권에서 가장 영향력이 큰 호재는 대표적인 교통수단인 지하철 신설이다. GTX 같은 서울 일자리로의 접근성이 좋아지는 지역들을 주목하자.

마찬가지로 대규모 일자리가 들어서는 곳도 주목해야 할 필요가 있는데 특히 최근 정부에서 발표한 국가 첨단전략산업 특화단지 7개의 지역이 뜨거운 이슈다. 대한민국의 미래를 이끌어갈 산업이 무엇인지 정부가 업종을 찍어준 셈이고 특화단지로 지정된 지역은 앞으로 인구 유입과 도시의 발전이 빨라질 것이기 때문이다.

출처 : 산업통상자원부 홈페이지

집값은 신도 못 맞춘다

부동산 가치 판단은 다른 사람이 아닌 내가 하는 것이다

뒤돌아서 생각해보면 매수할 당시 부동산 사장님이 말해줬던 가치 판단과 시간이 지나 실제 매도할 당시의 시장 움직임은 매번 달랐다.

첫 번째는 2018년 매수했던 평촌 아파트 사례다. 아파트 매수하는 것에 대한 의견을 묻자 부동산 사장님은 이렇게 답했다.

"오래 갖고 있으면 천천히는 오르겠지만 많이 오를 아파트는 아니에요. 그래도 실거주하기에는 좋은 동네니까 마음 편하게 사세요."

쏟아지는 부동산 규제 정책으로 매수 시점보다 가격이 더 하락했다가 이제야 상승으로 전환하기 시작할 무렵 사장님과 이야기하고 싶어서 부동산을 다시 방문했다. 부동산 사장님은 월판선이 착공한다는 뉴스로 가격이 올랐는데, 지금 가격은 너무 비싼 것 같다며 매도를 고민해보라고 하셨다. 그렇지만 나의 의견은 부동산 사장님과 달랐다. 훨씬 더 급등한 주변 단지들과 가격을 비교해 본 결과 아직 가치반영이 늦고 더 오를 수 있겠다는 생각이 들었던 것이었다. 그렇게 1년 후 가격은 많이 올랐고 내가 예측했던 가격에 매도했다.

두 번째는 2021년 매수했던 새만금 개발지 인근 토지 사례다. 이 토지를 매수하는 것에 대한 의견을 묻자 부동산 사장님은 이렇게 답했다.

"10년 정도 길게 보세요. 여긴 아직 시세가 오르려면 한참 멀었어요."
"새만금 국제공항 개발 예정지 근처에 물건이 있는데 여기보다 훨씬 빨리 오를 거예요."

부동산 사장님이 추천해 주신 토지보다 내가 마음에 든 토지가 저렴했고 스스로 분석해본 결과 가치도 있어 보이고 수익을 더 크게 볼 수 있을 것 같아서 처음 본 토지를 매수했다. 토지를 매수한 지 불과 6개월 정도 지나서 매수했던 가격보다 2배 정도의 시세가 형성되었다.

부동산 사장님을 비하하려는 의도가 절대 아니다. 물론 투자에도 능통하셔서 미래가치를 읽어낼 줄 아는 분들도 많이 계신다. 다만 사무소가 위치한 한 지역에서 오랫동안 중개업을 하시게 되면 그 지역에 대한 선입관이 생겨 미래가치 판단이 힘들 수 있다.

첫 번째 사례로 들었던 평촌 아파트로 쉽게 설명해보면, A 아파트가 2억 원이었는데 불과 1년 만에 4억 원이 되었다고 가정해보자. 그 지역에서 오랫동안 중개업을 하신 사장님은 갑자기 시세가 2배가 되자 이 가격은 말도 안 된다고 생각하게 될 것이다. 그런데 외지 투자자가 평촌 지역에 관심이 생겨서 임장 가봤더니 비슷한 입지인데 A 아파트가 4억 원이고 바로 옆 단지인 B 아파트가 5억 원이라면 아마 그 투자자는 A 아파트를 투자 가치가 있는 아파트로 볼 것이다. 즉 부동산 가치 판단은 어떤 누구도 알려줄 수 없는 오로지 나의 몫이고 판단에 대한 책임 또한 나의 몫이다.

집값 예측은 부동산 전문가도 다 틀렸다

때는 2020년 7월 31일, 돌이켜서 생각해보면 시행 이후부터 아직도 부동산 시장을 교란에 빠뜨리고 있는 장본인이자 악법인 임대차 3법이 국회에서 엄청나게 빠른 속도로 통과되어 시행되었다. 임대차 3법이란 전월세신고제, 계약갱신청구권제, 전월세상한제 3가지의 법을 말한다.

이 중 가장 심각한 문제를 초래한 게 계약갱신청구권제와 전월세상한제다. 임대 계약 만료가 될 때 세입자가 집주인에게 추가로 2년을 더 살겠다고 요구할 수 있었고 집주인은 직접 그 집에 들어와 실거주하는 등의 특별한 사유가 없이는 그 요구를 거부할 수 없었다. 그리고 재계약 시 직전 계약했던 임대료의 5%를 초과해 인상할 수 없게 제한하였다.

집값과 임대료가 서서히 상승하던 시점이었기에 법이 시행되자마자 전세 계약 종료 시점이 임박한 세입자들이 계약갱신청구권을 사용했고 5% 미만의 상승분만 부담하고 재계약을 하였다.

그 이후로 2022년 상반기까지 전국의 집값과 임대료가 폭발적으로 상승하게 되고 지금까지는 볼 수 없었던 전세가의 이중화 현상이 발생되었다. 이미 많이 오른 집값과 임대료로 현재 거래되고 있는 전세가는 높은데 이전에 계약갱신청구권을 사용해서 재계약한 세입자의 전세가는 이전 전세가의 5% 상승분만 반영된 가격이었기 때문이다.

모든 부동산 전문가를 포함하여 부동산 유튜브, 경제 신문 등 이구동성으로 임대차 3법이 시행된 후 첫 2년을 맞이하는 2022년 7월 31일, 계약갱신청구권 사용이 만료된 사람들이 높게 형성된 전세가로 재계약을 택하는 대신 신규 매수세로 전환될 걸로 보고 하반기 집값 상승을 예상했다. 이렇게 굴러가는 상황을 알고 있었기에 나 또한 하반기 집값이 상승할 것으로 생각했다. 그러나 보기 좋게 모든 사람의 예측이 틀렸고 오히려 하반기 집값은 폭락한다.

이런 일들을 겪고 나서 느낀 점은 부동산 전문가라는 사람들도 집값 예측을 정확히 할 수 없다는 것이었다. 그리고 언론에서 나오는 뉴스들을 보고 대중들이 판단하는 느낌대로 집값이 움직이지 않는다는 점이었다.

자본주의에서 내 집 하나 마련은 필수라는 생각을 가지고 사람들이 모두 좋아할 만한 좋은 집을 무리하지 않는 선에서 사 놓는다면 어떤 시점에서 내 집을 마련하더라도 위험하다는 생각은 없다. 단기적으로는 예측할 수 없어서 매수한 가격보다 하락할 수는 있지만, 장기적으로는 우상향할 것을 알기 때문이다.

미래의 집값을 예측하는 건 신의 영역이니 지금 당장 할 수 있는 걸 하는 게 나의 최선이고 그런 사람만이 인생이 변한다.

오직 나의 직감과 통찰을 믿어라

사장을 가르치는 사장 김승호의 『사장학개론』에는 이런 말이 나온다.

"성공한 자는 조사와 기획을 좋아하고 크게 성공한 자는 직감과 통찰을 믿는다."

조사와 기획을 하지 말라는 게 아니다. 주변을 보면 매주 임장 다니면서 보고서를 작성하고 온갖 부동산 통계들을 분석하면서 가장 중요한 실행은 못 하는 사람이 부지기수다. 정작 자신의 인생을 바꾸는 건 이론적인 문제가 아니라 실행인데 말이다.

주식도 어떤 사람이 어떤 종목으로 돈을 벌었다고 해서 그 종목이 다시 나에게 돈을 벌어줄 확률은 극히 낮다. 그 사람이 돈 번 상황과 운은 이미 지나간 것이기 때문이다. 즉 주식 차트를 보고 아무리 과거의 패턴을 기술적으로 분석해도 당장 10분 뒤의 가격을 정확히 예측할 수 없는 것이다.

부동산 분야에서도 주식의 사례처럼 조사와 기획에만 빠지는 사람들이 많다. 그러나 주변을 돌아보면 자신의 직감과 통찰에 따라 오랫동안 부동산을 소유한 사람들이 돈을 벌었지, 부동산 통계 사이트에서 일하는 직원들이 돈을 번 게 아니다. 집값을 맞추려고만 하기보다 실제 부동산으로 돈을 번 사람들의 행동 패턴을 파악하는 게 당신의 자산을 불리는 데 실질적인 도움이 될 것이다.

실행하는 것과 실행하지 않는 것

실행은 차 시동 걸고 N단을 넣는 행위일 뿐이다

처음 마련했던 평촌 지역의 아파트부터 나중에 언급할 토지까지 나의 부동산 투자 사례들의 공통점이 한 가지 있다. 어떤 부동산이든 정확히 알고 투자를 실행한 적이 없었다.

'코인과 주식은 공부하고 하라면서 그럼 부동산은 모르고 사도 된다는 거야?'

이렇게 생각하는 독자분도 당연히 있다고 생각한다. 실제로도 주변을 둘러보면 아무것도 모르고 아파트에서 살고 있었거나 토지를 가지고 있었을 뿐인데 자산가치가 상승한 사람이 많다. 그러나 코인과 주식 같은 금융 투자 상품은 다르다. 10년 전에 샀던 주식 가격보다 현재 가격이 더 낮은 종목이 수두룩하다. 기업의 가치가 상승한다고 해서 주식 가격이 비례해 상승하지 않기 때문이다.

그렇지만 부동산은 다르다. 국가가 발전하며 국민 소득이 증가하고 기업들이 일자리를 만들고 도시가 형성되면 부동산의 가치는 무조건 따라 오른다. 코인과 주식은 인플레이션 헤지 수단이 될 수 없지만, 부동산은 인플레이션 헤지 수단으로 적합하다.

그런 점에서 가지고만 있으면 가치가 계속 하락하는 화폐로 대표적인 인플레이션 헤지 수단인 부동산을 산다는 것은, 내 자산을 지켜줄 자동차에 시동을 걸고 N단을 넣는 행위다. 시동을 걸어야 내 자동차가 굴러가서 자본주의 세상의 흐름인 돈의 흐름에 탑승할 게 아닌가.

로또를 사야 로또에 당첨된다

부동산 공부는 계속해서 또 다른 투자를 생각할 수 있는 교두보 역할을 할 뿐이지 결국 나에게 정작 돈을 벌어준 건 실행이었다. 간혹 부동산 오프라인 강의를 들으면 공동과제를 위한 조를 편성 해주는 곳들이 있는데 운영진에서 의도한 것인지는 모르겠지만 조별 단체채팅방마다 흔히 강의 바람잡이들이 한 명씩은 꼭 있었다. 강의는 그들의 돈벌이 수단이고 수강생이 많아져야 수익이 창출되는 사업 구조이기 때문에 수강생으로서 이해해야 하는 부분이다.

수강생도 2가지 부류가 있는데 '이게 좋다더라, 저게 좋다더라.' 하면서 온갖 다양한 분야의 강의를 따라다니는 사람들을 일컬어 강의 철새라고 부른다. 다음으로 프로 수강러로 불리는 사람들이 있는데 부동산 지식이 강사를 해도 될 정도의 수준이지만 실제 투자 경험은 없는 사람들을 말한다.

로또를 사야 로또에 당첨된다. 이 당연한 문장으로 독자 여러분께 전달하고 싶은 의미는 투자금을 얼마를 가지고 있고 또 부동산 지식을 얼마만큼 아느냐가 투자에서 중요한 게 아니라, 본인이 당장 할 수 있는 선택지 안에서 직접 실행한 사람만이 돈을 벌 수 있다는 것이다.

당장 할 수 있는 무자본 투자 1탄
- 아파트 편

■ **특례보금자리론**

특례보금자리론은 2023. 1. 30. 미분양 증가로 인한 건설사 부도를 막기 위해 정부가 마련한 정책 자금 대출이다.

무주택자는 소득에 상관없이 9억 원 이하 주택을 최대 5억 원까지 대출받아 살 수 있는 상품이다. 최근 3분기 기준 특례보금자리론을 실행해서 집을 계약한 회사 동생의 말을 들어보면 KB시세의 70%까지는 바로 심사 통과되었고 80%까지 받으려면 보증보험에 가입해야 했다.

현재 금리는 4% 중반대이며 사회적 배려층 요건에 따라 우대금리가 적용되므로 은행에서 직접 확인해보아야 한다.

또 하나 장점으로 중도상환수수료가 없다. 그렇기에 아파트를 대출을 이용해서 매수하고 2년 보유 후 매도하더라도 수수료가 발생하지 않는다.

단점으로는 대출 기간에 1주택 유지 요건이 있으므로 도중에 주택 수를 늘릴 수는 없지만, 현재 목돈이 부족한 무주택 사회 초년생이 내 집 마련하기에 가장 좋은 수단이라고 생각한다.

아래는 특례보금자리론을 이용해 당장 할 수 있는 투자 방법들이다.

1. 실거주

특례보금자리론은 정책 자금 대출이기에 1년 동안만 한시적으로 운영된다.

저자는 내년에 정부가 총선을 의식해 이 상품을 연장할 수도 있다고 보고 있으나 미래는 아무도 모르는 것이니 목돈이 없는 신혼부부나 무주택 실수요자가 내 집을 마련하기에는 지금이 적기로 보인다. 아직 아파트 시세의 회복이 느린 지역과 단지들이 있으므로 이번 기회를 이용해 내 집 마련 계획이 있는 사람은 빠르게 움직이는 것이 좋아 보인다.

2. 월세

재테크 대상으로 아파트 투자를 생각하는 무주택 사회 초년생은 지금이 절호의 기회라고 생각한다. 2022년 고점 대비 20~30%까지 시세가 빠졌지만, 아직 회복이 느린 지역과 단지들이 많다. 굳이 실거주하거나 내가 거주하는 지역 근처에 아파트를 마련해야 할 특별한 사정이 없는 이상 특례보금자리론을 이용해 매수해서 월세를 놓는 방법을 추천한다.

대부분 지역이 규제지역에서 해제되어 2년 보유만 하면 비과세가 되기에 입지가 좋고 호재가 있는 지역에 괜찮은 단지를 매수해서 월세 임대를 맞추면 월세를 받아 이자를 충당하면서 오히려 약간의 생활비 마련까지 가능하다.

참고로 회사 동생은 최근 특례보금자리론을 이용해 아파트를 매수했는데 대출 이자가 월 100만 원이 나오지만, 130만 원에 월세를 내놨더니 문의가 많아 월세를 올릴 생각 중이다.

■ 특례보금자리론 변경안 발표(23. 9. 13. 기준)

특례보금자리론이 갑자기 변경되었다. 부부합산 소득 1억 원 이하이거나 주택가격 6억 원 이하로 제한된 우대형만 똑같이 내년 1월까지 운영되고 일반형은 곧 중단된다.

특례보금자리론으로 인해 올해 상반기부터 9억 이하 아파트로 신규 매수세가 들어와 가격이 회복되고 있었다. 9억 이하 아파트 거래가 살아났기에 그것들을 정리해서 주요 입지의 고가 아파트로 갈아타려는 수요 또한 발생했었다. 그래서 수도권 및 광역시의 주요 입지에 있는 고가 아파트들의 시세가 크게 회복되었고 실수요자에 의해서 일부 지방 소도시의 신축아파트 위주로 시세 회복이 일어났었다.

정부는 내년 총선을 앞둔 시점에서 집값이 폭등하거나 폭락하는 걸 절대로 바라지 않는다.

이미 수도권이나 광역시의 주요 입지는 엄청난 청약 경쟁률만 봐도 부동산 시장이 살아났음을 알 수 있다. 그러나 지방 소도시는 분위기가 다르다. 그래서 부부합산 소득 1억 원 미만과 6억을 초과하지 않는 아파트 위주인 지방 소도시는 매수 기회를 열어두고 나머지는 중단시킨 정부의 의도가 보인다. 가계대출 증가를 막는다는 핑계를 대기에도 너무 좋은 상황이다.

지방의 4~5억 원대의 신축아파트를 매수하는 데는 아직 위 전략이 유효하기에 남겨뒀다. 그렇지만 특례보금자리론 이후로 은행들이 비슷한 상품들을 많이 만들었기에 발품을 팔아보면 방법은 얼마든지 있다.

추석 전후로 정부에서 어떤 공급 대책을 발표할지 예상할 수는 없으나 앞으로 겨우 2년여 남짓 남은 2026년 이후 예정된 공급 부족 문제는 절대로 단기간에 해결 불가능해 보인다. 정부의 부동산 정책을 항상 예의주시해야 하지만 너무 그것에 매몰되어 아무 결정을 내리지 않는 것도 문제가 될 수 있다. 부동산을 매수할 때는 매수 시점의 상황이 중요한 게 아니라 매도 시점의 상황이 중요하다. 현재 부동산 시장은 상승 요인과 하락 요인이 같이 존재하기에 정말 예측하기 어려운 시장이다. 이런 때일수록 시장을 길게 보려고 노력해야 한다.

■ 전세 갭투자

2023년 1분기까지 이어진 부동산 하락장에서 매매가뿐만 아니라 희한하게 전세가도 빠졌다.

임대차 3법이 부동산 임대시장을 말도 안 되게 꼬아 놓은 덕분이다.

서민의 대체 주택 상품인 빌라시장이 초토화되었다. 빌라 전세 사기가 최근에만 있었던 일은 아니고 늘 있었던 일이지만 정부와 언론에서 공포감을 심어줘 사람들의 심리에 많은 영향을 준 건 사실이다.

2022년부터 2023년 상반기까지 아무도 집을 사지 않았고 다주택자도 움직일 수 없는 시장이었기에 전세 공급이 줄어든 측면이 있다. 게다가 빌라 전세가 무서워 아파트 전세로 옮겨 가는 사람들이 생겨나며 전세 수요는 늘어나는 측면이 있다.

그런 이유에서인지 최근 아파트 전세가가 점차 상승하는 국면을 띠고 있다.

매매가의 회복이 느린데 전세가 회복이 빨라지면 갭이 줄어들어 소액을 이용한 전세 갭투자의 기회가 다시 올 수 있다. 줄어드는 갭을 이용해 아파트 투자를 하려고 계획 중인 사람은 앞으로 전세가를 주목해야 한다.

■ 다주택

나는 솔직히 말해서 아직 이 방법은 추천하지 않는다.

3분기 현시점 아파트 시세 회복의 이유에 대해 부동산 전문가들도 해석하는 근거가 저마다 다른데 저자는 부동산 회복의 신호탄은 오직 특례보금자리론 정책 시행으로 본다.

각자 처한 상황이 달랐겠지만 2022년 하반기 부동산 하락장에서 모든 사람이 공포에 떨었던 것은 아니었다. 나는 굉장히 기회로 보였고 추가로 대출만 가능했다면 높아진 이자 비용을 부담하더라도 추가 매수를 실행하고 싶은 생각이 굴뚝같았다.

즉 무서움을 느껴 던진 사람도 많았지만, 기회로 보여 사고 싶은데도 못 줍는 사람도 많았다.

사람들이 많이 똑똑해졌고 이런 하락장에서 사야 돈을 번다는 생각도 많이 하기 때문이다.

실물 자산의 가격에 미치는 영향은 유동성이 가장 크다고 본다. 자본주의는 원래 그렇다.

그런데 하반기에도 금리가 내려갈 생각은 없어 보인다. 그 결과 긴축 기조가 장기적으로 이어질 걸로 보여 시장에 유동성이 풍부해지기는 힘들어 보인다.

　만약 1년 동안 한시적으로 운영되는 특례보금자리론마저 종료된다면 부동산 시장에 투입되었던 유동성마저 끊긴다.

　내년 총선 전후로 발표되는 다주택자 규제 완화 정책이나 대출 완화 정책을 보고 움직이는 게 좋을 것 같다는 게 나의 판단이다.

　하이 리스크 하이 리턴이다.

　이것은 나만의 생각일 뿐 이런 상황에서도 다주택에서 기회를 찾고 돈을 버는 뛰어난 사람들은 분명히 있다. 그러나 부동산 시장에서 안전하게 오래가는 것도 하나의 방법이라고 생각한다.

2023년 3분기 현시점 아파트 시장 분석

■ 실수요자 위주로 움직이고 있다.

현시점 아파트 시장은 KB와 한국부동산원에서 제공하는 통계로 봤을 때 회복세를 띠고 있다. 현장 분위기도 마찬가지로 좋아지고 있다. 건축비용과 금리가 내려가지도 않았고 대출 규제를 완전히 풀지도 않아서 유동성이 증가한 것도 아닌데 무엇이 아파트 가격 회복을 주도했을까? 강원도 레고랜드 사태 이후로 PF 대출 금리가 급격히 상승했는데 아파트 시장 분위기가 안 좋아서 아무도 분양을 받지 않으니 유동성이 막힌 중소건설사들의 연쇄 부도 위험성이 증가했다. 그러자 정부는 다급히 특례보금자리론이라는 정책 자금 대출을 만들어서 DSR 규제로 막힌 실수요자의 유동성을 풀어줬고, 그 결과 아파트 분양시장의 회복을 유도해 미분양 감소 효과를 일으킨 것이다.

■ 선호하는 지역과 단지만 오르고 있다.

정부가 공약했던 다주택자 완화 정책이 나오지 않고 있다. 위와 같은 이유로 실수요자 위주의 회복세가 나타나다 보니 사람들이 선호하는 지역과 단지 위주로 오르고 아직 회복하지 못한 지역과 단지들이 보인다. 그러나 원래 입지가 좋은 곳이 먼저 오르고 서서히 주변으로 회복세가 퍼지는 게 정상적인 시장이었다. 2021년 부동산 시장처럼 아무거나 사도 오르는 유동성 장세는 당분간 오기 힘들 것으로 본다.

■ 상승세가 확대되려면 신규 매수세가 필요해 보인다.

2023년 상반기까지 이어진 대세 하락장에서 이 정도 가격이면 저렴하다고 생각한 실수요자들이 특례보금자리론을 이용하여 움직이기 시작했고 3분기에 들어서자 회복세가 조금 더뎌진 모습을 띠고 있다. 사람들이 많이 똑똑해졌고 투자 정보를 얻기도 쉬워서 예전과 같이 집값이 많이 하락하면 시장을 떠나기보다는 오히려 기회로 보는 경우가 많아졌다. 추가적인 집값 상승의 신호탄(금리 인하, 대출 규제 완화, 세금 규제 완화 등)이 발표된다면 추가로 신규 진입하게 될 실수요층과 다주택자 등 신규 매수세가 유입되어 상승 흐름이 이어질 것으로 보인다.

■ 매매가와 전세가가 같이 오르고 있다.

원래 부동산 시장은 매매가가 오르면 전세가는 떨어지기 마련이다. 상승장에서는 아파트를 사려는 수요가 늘어나고 있다는 의미고 그만큼 전세 물건이 출현해 공급이 증가하기 때문이다.

반대로 매매가가 내려가면 전세가는 오른다. 하락장에서는 아파트를 사려는 수요가 줄어들고 대체 거주지로 매매보다 전세를 선호하기 때문이다.

그런데 현재 시장은 기존 시장의 움직임과 다르게 매매가와 전세가가 같이 오르고 있다. 위에서 실수요자층이 회복을 주도하고 있다고 설명했는데 여기서 실수요자는 아파트에 직접 들어가서 살지 전세를 놓지 않는다. 또 빌라 전세 사기 공포로 빌라 임대시장이 초토화되어 더 안전한 아파트 임대시장으로 옮겨가는 움직임도 보인다. 게다가 다주택자는 움직이지 못하고 있어서 전세 공급이 늘어나지 않고 있다. 정부에서도 최근 전세금 반환 대출을 풀어줘서 많은 부동산 전문가들이 하반기에 올 것이라고 예상했던 역전세난은 심각한 문제를 일으키지 않을 것으로 보인다. 시간이 지나면서 전세가가 매매가를 끌어올릴 수도 있으므로 전세가의 움직임에 집중할 필요가 있어 보인다.

■ 2026년 이후 아파트 공급 대란이 온다.

2026년 이후 예정된 전국적인 아파트 공급 물량 부족은 '부동산 지인' 같은 사이트에만 들어가도 쉽게 확인할 수 있다. 그런데 최근 들어 공급 부족 문제를 더 심각하게 만들 것으로 보이는 악재들이 곳곳에서 터지고 있다. 한동안 시끄러웠던 순살 아파트 사건은 무량판 구조로 지어진 전국의 아파트들을 벌벌 떨게 하고 있다. 무량판 구조가 아닌 기둥식 구조로 지으려면 땅을 더 깊게 파야 해서 공사 기간과 비용이 상승해 분양가격 상승에 영향을 미칠 것이 뻔하다. 가뜩이나 아파트를 지어서 분양해도 건설 원가가 급등해 시공사의 마진율이 크게 줄어들었는데 각종 전수조사의 위험성과 건설 비용의 증가는 신규 건축허가 물량 증가의 걸림돌이 될 것이다. 그래서 최근 분양을 마친 신축아파트나 곧 신축으로 될 분양권, 재건축 입주권에 주목할 필요가 있어 보인다.

■ 내년에 있을 총선을 주목해라.

요즘 들어 개발 호재 뉴스들이 부쩍 늘었다. 최근 신문을 통해 내가 본 것만 해도 국가 첨단전략산업 단지, 부산 엑스포 유치전, 가덕도 신공항, 센텀 2지구, TK 신공항, GTX-A 조기 개통 등이다. 항상 선거를 앞두면 표심을 얻기 위한 선심성 개발 호재들이 전국 곳곳에서 쏟아진다. 또 하나 주목하고 있는 발표는 바로 정부가 초창기 공약했던 다주택자 규제 완화 정책들인데 아파트 매매와 전세 시세가 회복하고 있는 이 시점에서 과연 규제 완화책을 발표할지는 잘 모르겠다. 정책에 따라서 부동산 시장은 큰 영향을 받기 때문에 총선 같이 자주 없는 큰 이벤트에는 관심을 기울이고 있을 필요가 있다.

■ 그래서 집을 사라는 거야, 말라는 거야? (23. 9. 8. 기준)

책 내용을 수정 중인 오늘 자 아침 경제 신문에서 눈에 띄는 점들이 유독 많이 보였다. 지방의 미분양 아파트를 분양받으면 양도소득세를 5년간 면제해주겠다는 내용이었다. 정부가 이 정책의 근거로 삼은 것은 전국의 미분양 주택 수가 6만 가구를 넘어서 건설사들의 자금난이 심각해지고 있다는 것이었다. 엄청난 공급 물량이 쏟아진 인천과 대구도 미분양이 줄고 매매가와 전세가의 회복이 일어나고 있다. 이처럼 미분양 증가세가 이미 정점을 찍고 내려가는 추세인데도 말이다. 게다가 민간 리츠를 활용해 지방의 미분양 주택을 매입하는 방안도 고려하고 있다고 한다. 한술 더 떠서 국토연구원에서는 다주택자 기준을 2주택에서 3주택으로 변경하는 안을 검토하고 있다고 한다. 앞의 정책들은 신규 매수세를 일으키는 정책임이 분명하다. 정치에 대해 언급하고 싶진 않지만, 유주택자와 무주택자의 변화가 정치 성향의 변화에 영향을 미치는 건 분명한 사실이다. 그래서 집값 과대 낙폭을 외치는 사람들에게는 미안한데 현시점 정부는 그럴 생각이 전혀 없어 보인다. 코인 설명에서 박상기의 난으로 예를 들었었는데 정부가 돈 없는 사람들에게 저렴하게 집 사라고 집값을 내려줄 거라는 기대는 하지 말았으면 좋겠다.

그리고 정부는 2026년에 예정된 주택 공급 부족 문제를 해결하기 위한 공급 대책을 조만간 발표하겠다고 했다. 아파트가 단기간에 지어지는 것도 아니고 아직 높은 금리와 탄소 규제 시행으로 인한 건축비 상승으로 정부가 생각하는 공급 대책은 실현 불가능하리라 본다.

단기간의 집값 움직임을 맞추는 건 신의 영역이지만, 장기적인 인플레이션 헤지 수단으로 내 집 하나 마련하는 건 자본주의에서 당연한 선택이라고 본다. 큰돈을 벌겠다고 단기간의 움직임을 예측해서 무리한 투자를 하게 되면 어떤 시점이든 위험하겠지만, 감당 가능한 수준으로 투자를 하는 것은 어떤 시점이든 안전하다고 본다. 즉 다주택은 선택의 문제이고 비과세를 이용한 1~2개의 주택은 필수라고 말하겠다.

절대로 정부의 말이나 전문가들의 말에 속지 마라. 자신의 자산은 자신이 지키는 것이다.

※ 참고

부록으로 삽입한 현시점 아파트 시장 분석은 나의 관점으로 분석해본 생각이다. 투자 판단 기준은 항상 자신 스스로가 되어야 한다고 설명했다. 이 책의 저자는 현시점에서 아파트 시장을 이런 관점으로 보고 있다고 참고하며 독자 여러분도 자신만의 분석을 해보셨으면 좋겠다.

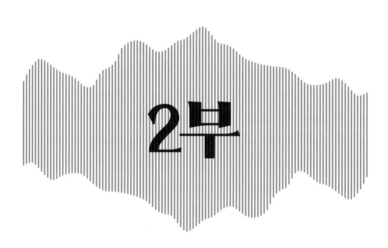

2부

5년 만에
부를 얻다

6장

인내하고 공부하고 계획하라

수익은 인내의 보상이다

똘똘한 한 채 마련과 소액으로 다주택 마련 중

어떤 선택을 할지 고민되는 건 당연한 현상이다

드디어 첫 내 집을 마련하는 데 성공했다. 등기부등본을 소유하게 되었을 때의 만족감은 다른 어떤 소비재의 소유와 비교할 수 없었다. 이제야 부동산이라는 자산에 관심이 생겼고 공부하기 시작했다.

경매 투자라는 것을 오프라인 강의를 통해 배웠고 경매를 이용하면 소액으로도 투자를 할 수 있었다는 것을 뒤늦게 깨닫는다. 그러나 모든 대출을 끌어모아 내 집을 마련했기 때문에 추가 투자금이 없는 나로선 더할 수 있는 기회가 아무것도 없었다. 차라리 경매를 일찍 알았더라면 소액으로 여러 채에 투자해서 많은 투자 경험을 쌓았을 텐데 하며 후회하기도 했다. 그렇게 아무것도 할 수 없었고 부동산 공부도 흐지부지되면서 시간은 흘러갔다.

여기서 잠깐. 경매를 통해 소액으로 여러 채 투자하는 방법과 똘똘한 한 채를 투자하는 방법은 그때 당시 금리도 낮고 대출 문턱이 낮아서 둘 중 어떤 방법을 선택할지 고민해 볼 만한 사항이었다. 그러나 지금과 같은 고금리 상황과 대출 및 다주택자 규제가 심한 상황에서는 여러 채 투자하기가 현실적으로 어렵다.

투자를 오래 하려면 강약 조절이 필요하다

재테크를 처음 시작하는 사회 초년생은 투자금이 한정적이기에 한곳에 투자하고 나면 바로 위에서 소개한 사례처럼 더 할 수 있는 게 없어서 답답한 상황에 자주 마주치기 마련이다. 보통 투자금이 있는 상태에서 투자 물건을 조사하고 다닐 때가 가장 기운 넘치고 부동산 공부도 재미있지만, 막상 매수하고 나면 투자에 대한 열기가 식기 마련이다. 이것은 누구나 겪게 되는 당연한 순리이니 자책하지 않아도 된다.

학창 시절 공부했을 때를 생각해보면 시험 날짜에 닥쳐서 벼락치기 하면 중간 등수 정도 점수가 나올 수는 있지만, 상위권에는 들지 못했다.

그러나 부동산은 조금만 공부해서 발품 팔아도 어떤 물건이 좋은 물건인지 금방 알 수 있고 투자금만 충분히 있다면 누구나 좋은 물건을 매수해서 많은 수익을 낼 수 있다.

그렇기에 추가 투자금이 생기면 다음 투자 물건을 위해서 부동산 공부를 다시 시작하고 현장을 열심히 뛰어다니면 되고, 또다시 할 수 있는 게 없어지면 적당히 쉬엄쉬엄하면 된다. 오히려 부동산에 관한 관심을 아예 접어두고 취미생활을 즐기며 여유를 찾는 게 하나의 방법일 수 있다. 더 투자할 돈이 없을 뿐이고 가치가 오를 자산을 소유하는 데는 이미 성공한 것이기 때문이다. 강약 조절이 있어야지 투자를 지치지 않고 오랫동안 할 수 있다.

성공에는 인내가 필요하다 – 제이커브 효과

드문드문 글을 썼던 내 블로그에 있는 내용인데 좋은 내용 같아서 가져와봤다. 성공적인 투자를 위해서는 수익이 나오기까지 오랜 시간을 버틸 수 있는 인내가 필요하다. 환율에서 쓰는 용어인 제이커브 효과를 응용하여 부동산 투자에 접목해 설명하겠다.

인내가 필요한 경우는 2가지가 있다고 생각한다.

- **■ 터널 구간**

  → 투자했는데 성과가 눈에 보이지 않는 경우

- **■ 포기 구간**

  → 투자해서 성과를 얻었는데 투자를 또 해야 할지 고민되는 경우

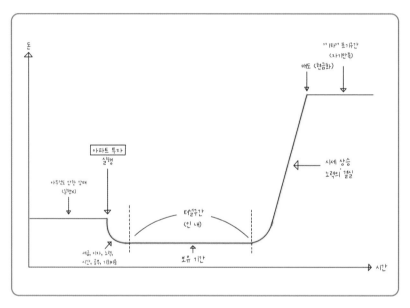

제이커브 1단계 구간에 대한 설명이다. (그림 참조)

1. 아무런 투자도 실행하지 않는 상태에서는 자본의 변화가 거의 없다.

2. 투자를 실행해야겠다는 마음을 먹고 아파트에 투자한다. 그런데 아파트를 매수할 때 발생하는 부대비용은 공짜가 아니다. 초기 비용(취득세, 중개 수수료, 등기료, 시간, 이자 등)에 의한 자본 손실이 생긴다.

3. 인내가 필요한 경우 2가지 중 하나인 터널 구간이 온다. 내 집을 마련했다는 기쁨도 잠시, 추가 투자금도 없고 공부 의지도 확 떨어진다. 그리고 보유하고 있는 동안 오르내리는 집값 시세와 연일 뉴스에서 발표하는 호재와 악재 기사로 스트레스가 쌓인다.

4. 아파트를 2년간 보유해서 비과세 대상이 되려고 인내하고 버텨냈다. 그동안 집값이 운 좋게 상승했다. 돈도 벌었는데 이만큼 했으면 된 거 같기도 하고 고급 수입차를 사고 싶어진다.

인내가 필요한 경우 2가지 중 다른 하나인 포기 구간이 온다. 보통 사람들 대부분이 여기에서 멈추고 만다. 1차 포기 구간이다.

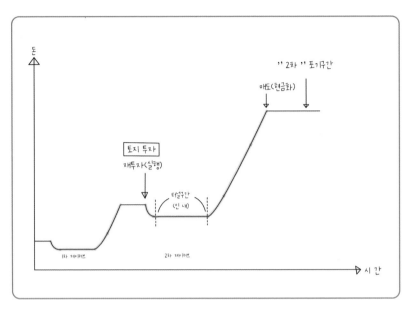

제이커브 2단계 구간에 대한 설명이다.

1. 몸도 마음도 힘든 투자를 그만두고 이제는 여유롭게 살고 싶다는 욕구를 이겨내기는 쉽지 않지만, 더 큰 목표를 향해 재투자를 결심한다. 공부해 보니 아파트 투자보다 토지 투자를 하면 수익을 더 크게 볼 수 있을 것 같았다.

2. 아파트 투자할 때와 마찬가지로 토지를 매수할 때도 부대비용이 발생한다. 아파트를 매수할 때보다 높은 취득세율을 내면서 자본 손실이

생긴다.

3. 토지는 아파트와 다르게 비과세 혜택이 없다. 장기간 보유해야 장기
보유특별공제를 받기에 보유기간도 길다. 제이커브 1단계보다 터널 구간
이 훨씬 길고 고통스럽다.

4. 긴 터널 구간이 지났고 아파트를 매도했을 때보다 큰 수익을 보게
되었다. '이제는 정말로 투자를 그만해도 충분히 먹고 살지 않을까?' 투
자가 이어지면서 나이도 먹어가고 그동안 진짜 열심히 살았던 것 같다.
이제 열심히 살아 온 보상을 충분히 받아도 될 것 같다. 대부분이 작은
부자로 끝나고 큰 부자로 이어지지 못하는 2차 포기 구간이다.

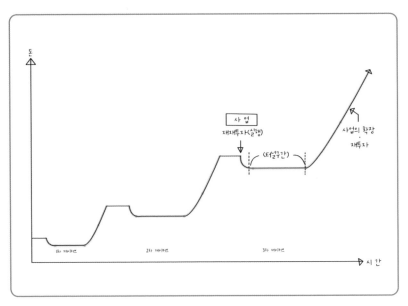

마지막으로 제이커브 3단계 구간에 대한 설명이다.

나는 이 구간에서 어떤 일들이 일어날지 아직 경험해보지 못했다. 미래에 나아가려는 목표이자 방향성이기 때문이다. 다음 3단계로 나아가기 위해 많은 인내를 하고 있다. 단순하게 부동산만 바라보던 시야를 넓혀 사업과 접목하기 위한 많은 공부가 필요하다. 그래서 쉬고 싶은 욕구를 인내하고 있고 좋은 집과 좋은 차를 타고 싶다는 욕구를 인내하고 있다.

아직 경험해보지 못했지만, 제이커브 3단계 구간에서는 초기 자본 손실도 커져 위험성이 증가하고 인내해야 할 터널 구간도 훨씬 길 것으로 예상한다. 그러나 저자는 또 실행할 것이고 긴 터널 구간을 인내해서 3단계 제이커브를 그려낼 것이다. 독자 여러분도 꼭 성공하시길 바란다.

감당이 가능해야 하락장에도 오래 버틸 수 있다

모든 대출을 끌어서 아파트 한 채를 사고 나니 남은 투자금이 없어서 공부와 경험을 쌓을 기회가 없어졌었다. 그런데 2022년 엄청난 부동산 하락장을 보면서 문득 이런 생각을 했었다.

'만약 그때 경매를 통해서 소액으로 여러 채를 투자했다면 어땠을까?'

그 당시는 금리도 낮았고 신청만 하면 대출이 나왔기에 자기 자본 하나도 안 들이는 무피 투자가 가능했다. 만약 그랬다면 2021년 대세 상승기에서 이미 난 썩은 빌라와 썩은 아파트 여러 채를 보유한 다주택자였을 것이고 소유한 모든 부동산이 올라 엄청난 자산 뻥튀기에 도취되었을 것이다. 아마 유튜브에 나와 몇십 억 자산가라며 방송하고 있었을 수도 있다.

그러나 결국 다주택자는 양도세 중과로 매도 시 엄청난 세금을 내야 했기 때문에 오른 가격에 절대 팔지 못하고 계속 보유했을 것이고 2022년부터 시작된 엄청난 자산가치 하락을 그대로 맞이했을 것이다. 그리고

2023년 현재 역전세를 맞아 스트레스를 받으며 고통에서 헤어나오지 못하고 있었을 수도 있다. 극단적인 예를 들었지만 실제로 그런 투자자들이 많다. 2021년도에 몇십 억 또는 몇백 억 자산가라고 했던 사람들은 분명히 이번 폭락을 피할 수 없었을 것이고 회복이 느린 자산들이 포트폴리오 대부분일 건데 아직도 같은 자산을 이야기하는 것을 보면 참 신기하다.

시간이 지나고 나서 보니 의도한 건 아니었지만 나의 선택은 안전한 선택이었다. 2018년 첫 내 집을 마련했을 때 청약조정대상지역으로 안양시 동안구가 지정되었고 얼마 지나지 않아서 집값이 내가 산 가격보다 10% 넘게 빠졌었다. 그러나 월급에서 이자를 내는 부분이 전혀 부담되는 수준이 아니었고 떨어지면 그냥 실거주하면 된다는 생각에 그 기간을 편안하게 버틸 수 있었다.

코인이나 주식에서도 과한 욕심을 갖는 순간 돈을 잃게 된다. 부동산 투자할 때도 감당 가능한 수준에서 안전하게 투자한다면 오래 버틸 수 있고 비과세로 온전한 수익을 볼 수 있다. 어떤 선택을 할지는 본인의 판단이지만 모든 투자는 하이 리스크 하이 리턴임을 명심하자.

하락장에서도 기회를 찾고자 하면 할 수 있는 방법은 많다
주식 시장을 지켜보면서 이런 생각을 했었다.

'오히려 가격이 하락했을 때가 투자 위험이 가장 낮을 때가 아닌가?'

실제 경험은 못 해본 IMF 사태 때와 리먼 브러더스 사태 때도 지난 그래프로 보니 그랬다.

다음은 직접 목격한 것으로 코로나 때였다. 그 당시 같은 팀에 근무했던 동생이 모험해보겠다며 코로나로 인한 주식 폭락 시장에 2억 원을 바이오 관련주 한 종목에 태웠다. 정확히 한 달이 지나서 2배가 되는 걸 두 눈으로 목격했다. 그걸 보고 배 아파서 주식을 따라 했다가 막대한 손실을 본 건 나중의 내 이야기다. 주식만 그런 게 아니라 부동산도 마찬가지다. 하락장에서도 가만히 있기보다 공포 심리를 이겨내고 그런 시장에서도 투자를 실행해 수익을 낼 수 있는 방법을 찾는 게 현명한 방법이다.

아파트를 매수해서 월세로 임대 놓고 나는 저렴한 집으로 가서 일명 몸테크를 하는 방법이 있다. 요즘같이 월세 시세가 높아진 상황에서 이 방법은 고금리로 인한 하락장에서도 안정적으로 집을 보유할 수 있게 해주는 가장 효과적인 방법이다.

임대할 생각은 아닌데 아파트 가격이 저렴해져 기회라는 생각이 들면 소비를 확 줄여서 비싼 이자를 감당하며 매수해서 실거주하는 방법도 있다. 이것은 자산가치가 다시 상승할 거라는 확신이 있을 때 가능한 방법으로 이자를 부담하게 되는 금액만큼 소비를 줄이면 현재는 힘들더라도 미래의 기회를 잡을 수 있다.

이처럼 하락장을 누군가는 공포로 받아들이기도 하고 기회로 받아들이기도 한다. 그러나 늘 돈을 번 쪽은 하락장에서도 기회를 보고 움직인 사람들이었다. 단기적으로 공포가 찾아오더라도 세상은 결국 좋아진다는 쪽에 걸어라. 러시아 전쟁보다 훨씬 컸던 전쟁, 코로나보다 무서웠던 전염병, 현재 경제 위기보다 훨씬 컸던 경제 대공황에도 세상은 늘 좋아졌으니 말이다.

다음 투자를 위해 공부해라

제이커브에서 터널 구간을 설명하면서 투자를 실행하고 성공의 맛을 보려면 인내의 시간이 필요함을 설명했었다. 추가 투자금이 없다면 취미 생활을 즐기며 부동산에서 잠시 관심을 내려놓는 방법도 좋지만 투자해 놓은 물건을 나중에 매도한 뒤에 어떤 투자로 이어나갈지 미리 공부해 놓는다면 같은 시간을 훨씬 더 가치 있게 쓸 수 있을 것이다. 현재도 나는 여유가 될 때마다 이미 많은 부를 이룬 사람들에게 비싼 강의료를 주면서 어떻게 많은 돈을 벌었는지 방법들을 듣고 다닌다. 그리고 생각의 시야를 넓히기 위해 부동산 관련 도서뿐만 아니라 전혀 상관없는 다른 분야의 도서까지 확장해서 읽고 있다. 공부를 현재까지 꾸준히 이어오면서 깨달은 점은 세상에는 내가 모르는 돈 벌 방법이 엄청나게 다양하고 이미 그런 방법들로 부를 이룬 사람들이 많다는 것이었다. 우물 안 개구리에서 세상 밖으로 나오려면 꾸준히 공부하는 방법뿐이다.

부동산 해보려고 하는데 경매부터 시작해야 할까요

부동산에 이제 막 눈을 뜬 사람들이 흔히 갖는 생각이다. 경매를 공부해서 투자하면 소액으로 여러 채를 살 수 있고 저렴하게 낙찰받아 셀프 인테리어를 하고 원래 시세대로 매도해 시세차익을 얻을 수 있다고 어디서 많이 들어봤기 때문이다. 마치 대학생 시절 과제를 내기 위한 PPT 자료를 만들 듯이 지도 같은 것들도 넣어서 임장 보고서를 예쁘게 작성하고 주말마다 임장한다며 힘들게 걸어 다니고 편의점에서 삼각김밥 먹으며 '오늘 하루도 열심히 살았다!' 하고 끝나면 아무 소용이 없다. 경매는 물건을 취득하는 방법들 가운데 하나의 수단일 뿐이다. 경매를 공부해서 어려운 권리관계를 풀어내고 그것을 낙찰받았다고 주변 투자자들에게 자랑하는 게 우리가 부동산 투자를 하려는 이유가 절대 아니다. 실제 부동산 물건을 매수해서 높은 수익률을 내기 위한 것이다. 관심 있는 지역의 아파트나 토지의 시세를 빠삭하게 알고만 있어도 일반 매매에서 급매를 어렵지 않게 잡을 수 있다.

물론 경매를 공부하면 특히 부동산 하락장에서 낮은 낙찰가율로 인해 일반 매매보다 더 저렴하게 물건을 잡을 수 있다. 또 경매를 모르는 사람보다 부동산 매수 방법을 하나 더 갖춘 것이기 때문에 장점도 많다.

경매를 공부하는 것은 추천하지만 하나의 매수 방법일 뿐 투자는 수익을 내기 위한 것이지 공부해서 낙찰받기 위한 것이 아님을 꼭 기억했으면 좋겠다.

아파트에 투자하고 있는데 오직 아파트 분야만 집중적으로 공부하면 될까요

주식으로 쉬운 예를 들어보겠다. 현재 이차전지에 수급이 쏠려 있어서 이차전지 섹터에 있는 종목들에만 빨간 불이 들어오고 있다. 그런데 '예전에 바이오 섹터에 있는 종목에 투자해서 돈을 벌었다고 해서 아무런 움직임 없는 바이오 관련 종목을 사야겠는가?'

부동산도 정부의 부동산 정책과 대출 금리 및 시장의 흐름에 따라 높은 수익을 볼 수 있는 분야가 계속해서 달라진다. 그렇기에 투자금을 회수할 시점에서 돈을 다시 어디로 보내줘야 높은 수익을 볼 수 있을지를 알려면 다양한 정보와 지식을 미리 갖추기 위해 공부해야 한다.

'나는 경매로만 투자하겠다.', '나는 아파트만 투자하겠다.'처럼 한 가지 분야에만 몰두하겠다는 사람들을 간혹 본다. 거의 강사 수준의 지식까지 갖춘 사람들도 많다.

실제 투자를 해본 사람들은 공감하겠지만 사기를 안 당할 정도로만 공부하면 되지 막상 실제 투자하는 데 엄청난 지식이 절대로 필요하지 않다. 시장의 흐름을 읽는 공부와 다양한 투자 방법들을 공부해라. 내가 항

상 하는 말이 있다. '지식을 따라가지 말고 수익을 따라가라.'

경제 신문을 꾸준히 읽었더니 대중들의 투자 심리가 보인다

32세 때부터 경제 신문을 읽기 시작했고 지금까지 4년 동안 거의 하루도 빼먹지 않고 읽고 있다. 보통 신문 1부에 들어있는 글자 수가 책 한 권의 글자 수와 비슷하다고 한다. 그런 점에서 한 달 구독료 2만 원에 매일 책 한 권을 읽을 수 있으니 얼마나 고마운 존재인지 모르겠다. 그런데 주변 사람들에게 경제 신문 읽기를 추천하면 보통 2가지 반응이 나온다.

첫 번째는 신문에 모르는 용어가 너무 많아서 읽기가 힘들다는 것이었다.

내가 했던 방법인데 시중 서점에서 판매하는 읽기 쉽게 쓰인 경제 입문서를 3권 정도 구매해서 완독했다. 그랬더니 아는 용어와 경제원리가 많아져서 신문 읽는 게 재미있어졌다. 그리고 모르는 용어가 있더라도 꾸준히 포기하지 않고 읽었더니 나중에는 모르는 용어가 나오더라도 문맥상 해석이 저절로 되는 능력이 생겼다. 처음에는 신문 1부 읽는 데 2시간 걸리던 게 지금은 20분 정도면 다 읽는다.

두 번째는 핸드폰으로 인터넷 경제 기사를 읽으면 된다는 것이었다.

당연히 아무것도 안 읽는 것보단 낫겠지만 사람들은 보통 공짜로 얻어지는 것에는 책임감이 낮아지기 때문에 꾸준히 안 읽게 된다는 게 가장 큰 단점이다. 그리고 경제 신문처럼 경제 관련 기사만 집중적으로 묶어서 보여주는 게 아니기 때문에 직접 일일이 찾아보지 않는 이상 놓치는 이슈도 생긴다.

신문을 4년 정도 매일 읽으면서 실물 경제의 움직임과 비교하다 보니 재미있는 현상을 발견했다. 쉽게 부동산으로 설명해보면 2022년 상반기부터 집값이 빠진다는 기사가 등장하기 시작했다. 시간이 지나면서 점점 기사들이 늘어나기 시작하고 2022년 하반기가 되자 집값 하락 기사가 모든 면을 도배한다. 그것을 보고 나는 대중들의 심리가 바닥임을 직감했고 운영하는 블로그에 지금 집을 사도 된다며 글을 썼다. 그때가 2022년 11월 즈음이었고 집 사라고 말하는 사람은 역적 취급을 받는 시기였다. 그런데 지나고 보니 그때가 바닥이었다.

신문을 읽으면서 대중들의 심리 변화와 그에 따른 실물 경제가 어떤 움직임의 상관관계를 보이는지 오랫동안 지켜보니 모든 투자 분야(코인, 주식, 환율, 부동산 등)에서 비슷한 움직임을 보였다. 대중들의 심리 반대로만 투자해도 돈을 번다는 말은 어느 정도 일리가 있는 말이다.

책은 경험하지 못한 것을 체험하게 해준다

막상 책을 쓰면서 느낀 점이 하나 있다. 오랜 시간 산전수전 다 겪으며 얻어낸 나의 인생 경험을 한 문장에 간략하게 담아내다 보니 한 권의 책을 쓰려면 얼마나 많은 인생 경험의 축적이 필요할지 생각이 들었고 새삼 모든 책의 저자들을 존경하는 마음이 생겼다. 한 권의 책을 읽으면 그 저자의 오랜 경험을 간접적으로 체험해 볼 수 있다. 그 체험을 통해서 우리는 직접 해 봐야만 알 수 있는 착오와 실수들을 미리 알아 황금 같은 인생의 낭비를 막을 수 있다.

그런데 아쉽게도 우리나라 젊은 사람들의 독서량이 계속해서 감소하고 있다고 한다. 유튜브 같은 쉽고 재밌는 정보를 제공하는 매체들에 익숙해지고 시간 대비 효율성을 중시하는 사회로 바뀌다 보니 책을 읽으며 생각하는 사고를 기르고 저자가 던지는 메시지들을 해석해보는 시간을 아깝게 생각하기 때문이다.

재테크 공부를 시작한 이후로 직장 다니면서도 매년 50권 이상씩 꾸준히 읽고 있는데 독서에 재미를 느끼게 되면 짧은 매체에서 주는 잠깐의 즐거움보다 커다란 감동과 깨달음을 얻을 수 있다.

재테크는 어떤 책부터 읽어야 할까

단지 추천하고 싶은 책들을 가볍게 소개하는 글보다는 재테크를 처음 시작한 사람들이 어떤 방향성을 가지고 읽어나가야 할지 시간이 흐르면서 느낀 점을 통해 말해보고 싶다.

1. 재테크 관련 책을 처음 읽는다면 물론 내 책을 강력하게 추천해 주고 싶지만, 『EBS - 자본주의(노란색 표지)』를 무조건 읽어보길 추천한다. 유튜브에 EBS 다큐프라임 자본주의를 검색해보면 무료 동영상으로도 있으니 꼭 보길 바란다. 자본주의 구조에서 화폐가 무엇인지 깨닫는 것부터가 모든 재테크의 시작이다.

한 권만 더 추천한다면 한스 로슬링의 『팩트풀니스』를 추천한다. 우리는 어릴 적부터 빈곤 문제, 기후 문제, 전쟁 문제 등 세상이 곧 망할 것처럼 이야기하는 뉴스들을 접하면서 자랐다. 그래서 세상을 부정적으로 인식하는 사고가 나도 모르게 심어졌다. 이 책은 역설적으로 통계적 사실을 통해 세상은 항상 좋아졌다는 걸 보여준다. '세상이 좋아진다는 쪽에 투자해야지 망해간다는 쪽에 투자를 할 생각인가?' 투자에서 성공하려면 긍정적인 사고가 꼭 필요하다.

2. 만약 소비 절제와 저축의 습관이 아직 형성되어 있지 않다면 흔히 짠테크라 불리는 절약 방법들을 소개하는 책들을 읽어라. 투자금을 마련하려면 소비 절제와 저축 습관이 선행되어야 한다. 그리고 이런 습관들을 미리 연습하지 않는다면 나중에 투자해서 수익을 보더라도 손에 남는 게 없을 수도 있다.

3. 다음으로 자수성가한 부자들의 투자 마인드에 관련된 책들을 읽어

보길 추천한다. 인터넷에 조금만 검색하면 로버트 기요사키의 『부자 아빠 가난한 아빠』 같은 유명한 책들을 쉽게 찾을 수 있다. 자수성가한 부자들은 어떤 마인드를 장착하고 있는지 그리고 그들의 공통점은 무엇인지 알아보고 부자들의 사고에 맞는 투자 마인드 세팅의 변화가 필요하다.

4. 자본주의 구조에 대한 이해와 투자 마인드 세팅이 완료되었다면 이제는 실전 투자에 대한 다양한 입문서들을 읽어보길 추천한다. 아파트 투자 입문서, 경매 투자 입문서, 토지 투자 입문서 등등 그 투자를 통해 어떤 방법으로 저자가 돈을 벌었는지 편하게 읽으면서 눈으로 체험해 보는 것이다. 읽다 보면 나의 상황에 맞는 투자 방법이 보일 것이다.

5. 관심 있는 투자 종목을 찾아냈으면 이제 그 분야에 관련된 책들을 여러 권 읽고 다양한 투자 사례와 포인트들을 공부해서 실제 투자에 접목하면 된다. 공부를 위한 공부에서 끝나지 말고 실제 투자로까지 이어져야 그 지식이 내 것이 된다.

6. 실제 투자로 이어지고 시간의 여유가 생기면 전혀 다른 장르로 독서 영역을 넓혀 보는 것을 추천한다. 스티브 잡스가 만든 아이폰도 이미 세상에 있었던 다양한 기능을 핸드폰이라는 하나의 기계에 합쳐서 만들어

낸 것일 뿐이었다. 한 분야에 관련된 책만 읽었을 때는 보이지 않았던 기발한 아이디어가 전혀 다른 분야의 책을 읽고 떠오를 때가 많다. 혁신적인 창조는 전혀 다른 것들을 서로 접목했을 때 일어나는 현상이기 때문이다.

저자가 재테크를 공부하기 위해서 독서를 시작한 이후로 터득하게 된 독서의 흐름이다. 어떻게 보면 위에서 추천한 독서 분야의 흐름과 이 책 목차의 흐름은 비슷하다고 볼 수 있다. 시간의 흐름에 따라 부를 얻어가는 과정으로 목차를 구성했기 때문이다. 아는 것만큼만 보인다고 생각한다. 독서를 통해 사고의 시야가 넓어지는 것만큼 실제 투자 대상도 넓어졌다고 생각한다.

강의 수강료를 아까워하지 말자

독서를 하다가 가끔 인상 깊은 책을 발견하게 되면 직접 저자를 찾아가서 사인도 받고 책 이면의 이야기를 듣고 오거나 저자가 운영하는 강의를 수강하기도 한다. 책을 쓴 저자가 하는 강의가 책 내용과 별다를 게 있겠냐는 생각을 할 수도 있겠지만 대략 4가지 장점이 있다고 생각한다.

1. 성공 프레임 이면에 있는 숨겨진 노력을 알 수 있다.

한창 창업에 몰두하고 있을 때 한 성공한 사업가의 책을 본 적이 있었다. 저자가 성공해 낸 방법과 결과들이 내가 목표하고 있는 것과 같았고 책 내용도 너무 좋아서 꼭 한번 만나보고 싶었다. 저자가 하는 강의도 수강하고 독서 모임에도 참석했다. 마침 내가 읽었던 저자의 그 책이 독서 모임의 주제가 되었고 저자로부터 책에는 없던 내용인 숨겨진 노력을 직접 듣게 된다. 단순히 '클럽에서 웨이터로 일하면서도 책을 읽었다.'라는 단 한 줄의 내용 뒤에는 '클럽의 시끄럽고 어두운 조명 속에서도 웨이터가 사용하는 손전등을 이용해서 구석에 쭈그려 앉아 책을 읽었다.'라는 피나는 노력이 숨어 있던 것이었다. 사람들은 보통 이미 성공한 것처럼 보이는 저자의 현재 모습만 보게 되지만 직접 만나서 이야기를 나눠보면 성공 프레임 이면에는 엄청난 노력과 열정이 있었음을 직접 들을 수 있다.

2. 책으로 읽는 것보다 훨씬 깊고 넓은 지식을 얻을 수 있다.

직접 책을 써보니 느끼는 건데 아마도 지금 쓰고 있는 이 책의 내용을 실제 말로 설명한다면 1시간 정도면 충분하지 않을까 싶다. 그만큼 저자의 인생 경험을 단 한 권의 책에 모두 풀어서 설명할 수 없다. 보통 1회당 3시간씩 4주 정도로 진행되는 강의라면 강의를 통해 얻게 되는 지식은 12권의 책과 비슷하다고 생각한다. 그만큼 지식의 깊이도 다르고 넓이도 다르다. 막상 강의를 들어보면 비싼 수강료가 전혀 아깝지 않다고 생각한다.

3. 질문을 통해 저자와 생각을 나눌 수 있다.

오프라인 강의의 가장 큰 장점이라고 생각하는데 일방적으로 지식을 받아들이기만 하는 게 아니라 질문을 통해서 즉각적인 의사소통이 가능하다는 점이다. 이미 지나간 과거가 되어버린 책과 강의의 내용만이 아니라 현재 시점에서 미래를 판단하는 저자의 생각까지 들을 수 있다.

4. 다른 수강생들의 열정을 보고 배운다.

취직 준비를 위해 노량진에서 공부할 때 새벽마다 강의실 앞자리를 앉으려는 치열한 경쟁을 지켜보면서 열정이 불타올랐었다. 그러나 이미 직장인이 된 이후로 그런 불같은 열정이 생길 일은 거의 없었다. 그런데 나태해진 직장인이 투자 강의장을 처음 가보면 노량진의 분위기를 그대로 느낄 수 있다. 돈을 벌기 위해 정말 열정적으로 공부하는 비슷한 또래의 수강생들과 함께 있으면 아무 생각 없이 직장에서 일하고 있을 때와 다른 기분을 가진다. 현재 나도 주기적으로 오프라인 강의를 듣기 위해 전국으로 버스를 타고 왔다 갔다 한다. 미래를 위한 투자라고 생각하면 책과 수강료가 전혀 아깝지 않을 것이다.

성공의 길로 안내하는 계획

성공의 지름길을 찾고자 한다면 자신의 인생 목표부터 찾아라

이제 나의 아내가 되었지만, 연애 시절 당시 우리의 대화 사례를 이야기해보려고 한다. 평소에 나는 욕심 없는 것보다 욕심 많은 게 좋다고 생각하는데 우리 아내는 정말 욕심이 많다. 인간관계도 잘 유지하고 싶고 직장에서 승진도 하고 싶고 돈도 많이 벌고 싶어 한다. 우승도 많이 했고 지역 대회 대표 선수로 뛸 만큼 테니스도 잘 치는데 여자 테니스 분야에서도 가장 높은 상위권에 들고 싶어 한다.

그 모습을 보고 연애 시절 이렇게 물었던 적이 있다.

"그래서 너의 인생 최종 목표가 뭐야?"

한참을 생각하더니 이렇게 대답했다.

"그냥 모든 방면에서 다 잘하고 싶고 딱히 인생의 목표는 없는 것 같아."

나는 시간을 정말 금같이 생각하며 열심히 살고 있다. 어떻게 하면 부를 이룰 수 있을까 하는 고민을 하며, 인생 목표를 이루는 데 의미 없는 것들(직장에서의 승진, 인간관계, 불필요한 취미생활, 의미 없는 대화 등)을 최대한 절제하고 선택과 집중을 한다. 재투자를 반복해서 자본을 쌓고, 그 자본으로 근로소득을 넘는 사업소득을 창출하고, 계속해서 새로운 투자 분야를 공부해 업데이트를 지속하며 인생을 한 곳에 전부 쏟아부어야 큰 부를 이룰까 말까일 것이다.

'그런데 인생의 목표가 없는 사람은 사방팔방으로 달려가는 토끼들을 도대체 어떻게 다 잡겠다는 것일까?'

목표를 달성하지 못하는 이유는 상위목표가 없기 때문이다

인생에 대한 많은 교훈을 주는 유튜브 채널 〈MKTV 김미경TV〉의 김미경 강사님의 영상을 보고 배운 내용이라고 출처를 우선 밝힌다.

매년 1월 1일이 되면 새로운 마음으로 계획들을 세우지만 몇 달 지나지 않아 흐지부지된 경험이 많을 것이다. 그것은 To-do list만 계획한 나머지 예상치 못한 이벤트들로 1년 동안의 계획에 차질이 생기면 도중에 그만두는 상황이 많이 생기기 때문이다.

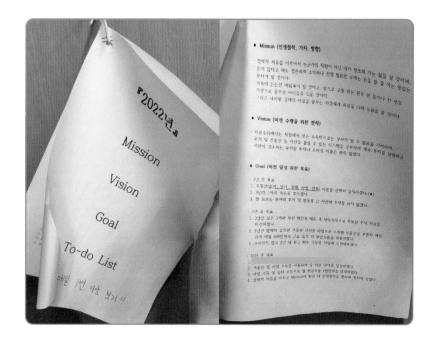

1. Mission

자신의 인생철학이다. 나의 존재 이유 및 세상을 위해서 할 수 있는 일 등 존재 자체에 대한 소명 같은 것이다.

나는 도전하고 이루는 삶에서 행복을 찾고 경제적 자유를 얻어 불우한 이웃들을 도우며 보람을 느끼는 삶에서 존재 이유를 찾고자 했다.

2. Vision

Mission을 어떻게 수행할 것인지에 대한 전략이다.

나는 경제적 자유를 얻으려면 소비 절제와 저축이 필요하고 근로소득만으로는 부를 축적하는 게 불가능하기에 지속적인 투자가 필요하다는 전략을 세웠다.

3. Goal

Vision을 어떻게 달성할 것인지 구체적인 목표이다.

나는 지속적인 투자를 어떤 방향으로 이어나갈지 3년, 5년, 10년 단위로 단기, 중기, 장기 구체적인 목표를 세웠다.

4. To-do list

가장 세부적인 1년 계획처럼 당장 할 것들이다.

나는 매년 상위의 목표들을 이루기 위해서 세부적으로 무엇을 공부할지, 투자금을 저축해서 얼마를 모을지 등등 시간이 지나면서 수정되는 당장 할 것들을 정한다.

이 방법의 가장 중요 포인트는 To-do list는 시간이 지나면서 수정될 수 있는 것들이라는 점이다. 3년 뒤 토지를 사겠다는 Goal을 세웠고 올해 토지 투자를 공부하겠다고 To-do list를 계획했다고 가정해보자. '그런데 갑자기 아파트를 사게 되어 3년 뒤 토지를 살 투자금이 없어졌다면?' 올해 목표한 계획이 깨진 것 같지만 경제적 자유를 이루겠다는 나의 Mission과 지속해서 투자하겠다는 Vision을 향해 잘 가고 있는 것이 된다.

목표를 잘 모르겠다면 만다르트를 작성해보자

인터넷에서 만다르트를 검색해보면 직접 출력해서 작성해 볼 수 있는 양식이 있다. 일본 프로야구의 전설인 오타니 쇼헤이 선수도 자신만의 만다르트를 작성해서 목표를 명확히 할 수 있었고 일본 최고 선수의 꿈을 이뤄냈다고 알려져서 유명해졌다.

원사적 2주만 비관에서 활은 어쨌든 두자○○	근로+사업 소득 ↓ 명 지속 버림	5년후 신축 건물주	철러 받는 만큼만 일하기.	47세 -이 1억 2천	퇴직까지 회사 후쿠 참아내기	2024. 첫 창업 (8억업)	2028. 신축 사업 5천.	사업소득은 전부 저축 →저축자
현 세계쳐럼 100% 에서 수익권 추구	부동산	100억 달성 전 까지는 월세 살이	승권튬싱 ✕	근로소득	작항 스트레스 집으로 가져오지 말것	사업 6수익 월 1,000만 단기 목표	사업소득	내 사업의 페르소나 찾기
땅 값으면 쉽고 들어서 수익 내뿌기	세남는 스페이 수변되시 이레든 열방	2030 번 거지 땅 배도 ✕	→사업 확장 기회	굴 출근 값 되근.	처쳤임	요모 사업 지식 쌓기	마품의 자질 갖추기.	첫 창업 이후 사업처리의 확장
근로소득 中 면 3,000만 저축 유지	사업소득 中 면 1억 저축 목표 (투자)	100억 달성 전 까지 치장 귀임 ✕	부동산	근로소득	사업소득	명안 톡서량 50~100건 유지	경제 신문 구독 유지	장르 확장 (시야 확장)
여행, 명품 등 사치름 소비 ✕	저축 · 절약	의미없는 오임 ✕	저축 · 절약	순자산 100억	공부	오늘 잘 공부 내용로 이해 많을것	공부	오프라인 강의 꾸준히 듣기 (돌기부여)
미래소득론 위한 투자에는 정약 ✕	소비할 때면 항상 10번 생각	가계부 작성 유지.	멘탈	건강	인맥	심리학 공부하기	공부 버릇 → 분도시 정리	이레 쳐름 트렌드
애쁜 10번 명상	성공확언 광피 버벤 짝꿍	시크릿 경컴마인드	수영 (인명구조사 취득)	골프	테니스	회사인맥 & 사업인맥	"모든 사람은 미래의 고객이다"	"적은 만들지 말자"
무정럼자의 조컨 욱시	멘퉐	나른 가장 존중하기	등산	건강	체중 감량 · 소식	강의에서 만난 사람법 가치 가까이	인맥	시간 약속은 잘키
"오늘 하루도 만상적이었어"	이미 100억 부자인겨처럼 생각하기.	메벌 아침 성공확언 오기기.	식욕 산책.	요가 버쳐보기	낫상✕ 77시간 수린	나만의 멘토 찾기	요토활리 동호회 활동	인맥 다양화

※ 저자가 만든 만다르트

이미 만다르트를 직접 작성해 본 사람들은 알겠지만 모든 칸을 채우기가 생각보다 쉽지 않다. 만다르트를 작성해보면 인생 목표를 명확히 할 수 있고 목표를 이루기 위한 테크트리가 시각화되어 꾸준히 본다면 하나에 집중된 삶을 살 수 있을 것이다.

2023년 저자의 보통의 하루

밤 11시 전에 잠자리에 들고 아침 6시 반쯤 일어난다.

미라클 모닝 같은 잠자는 시간을 줄이는 건 나랑 안 맞다.

최소 7시간은 자야 아침에 집중이 잘 되고 점심에도 안 졸고 공부를 할 수 있다.

출근 전까지 책을 읽거나 경제 유튜브를 한 편 본다.

출근을 준비하며 마저 이어서 본다.

집을 나온 후 어김없이 우편함에서 경제 신문을 꺼내 들고 출근한다.

직원들은 일찍 출근해서 직장 동료들과 수다를 나누지만 혼자 조용히 내 자리로 가서 경제 신문을 읽는다. 오랜 시간 그렇게 행동했기에 동료들도 알아서 말을 잘 걸지 않는다.

오전 일과를 마치고 점심시간이 되면 동료들은 잠시 눈을 붙이며 휴식 시간을 갖지만, 오전에 읽다 만 신문을 이어서 보거나 독서를 한다.

퇴근 후 집에 오면 강의를 보거나 독서를 한다.

우리 집 거실에는 TV와 소파가 없고 대신 스터디 카페처럼 책장과 테이블만 있다.

쉴 때도 아내와 마주 앉아 커피를 마시며 미래를 구상한다.

주말도 평일과 하루는 비슷하다.

직장에 있을 때와 달리 보장된 시간과 안정적인 공간 덕분에 더 많은 집중을 할 수 있어서 좋다.

몇 년째 위와 같은 패턴으로 생활하고 있다. 그러다 보니 이제는 그냥 보통의 하루다.

머릿속은 온통 어떻게 하면 경제적 자유를 빠르게 이룰 수 있을지 고민이다.

누군가는 재미없는 일상 같다고 말할 수 있지만, 미래에 어떤 놀라운 일이 생길지 기대되고 박진감 넘치는 일상이다.

목표가 뚜렷해졌더니 오히려 계획이 필요 없어졌다

재테크를 처음 시작했을 때는 매년 계획을 하고 목표를 상기시키는 일들을 계속해야 방향을 잃지 않고 열심히 살 수 있었다. 그러나 목표를 위한 삶이 보통의 하루가 되고 온통 머릿속을 채우자 오히려 이제는 계획이 필요 없어졌다. 내가 하는 모든 행동과 선택이 목표를 향하도록 세팅 되어 있기 때문이다. 이렇게 되기까지 거의 5년 정도의 시간이 걸린 것 같다. 처음부터 잘되는 일은 없는 것처럼 천천히 작은 목표를 세우고 계획해서 이루는 것부터 시작하길 바란다.

7장

원하는 부를 얻기까지 재투자해라

자산소득으로 근로소득을 넘어서다

아파트를 매도했더니 월급으로 10년은 모아야 할 돈을 2년 만에 벌었다

여기까지 글을 쓰면서 내용이 이어져 온 만큼의 다양한 사건과 생각의 변화들이 있었다. 고양이 덕분에 아무것도 모른 채 처음으로 내 집을 마련했고 쏟아지는 부동산 규제 정책 속에서 처음 경험해 본 하락장을 버텼다. 이어서 발표된 월판선 착공이라는 호재 뉴스에도 다른 단지들은 다 폭등하는데 내 집만 안 올라 속 타는 구간도 인내했다. 그렇게 긴 터널 구간을 버텨냈고 달콤한 수익을 맛보며 매도하게 된다.

그 수익의 경험은 나에게 신세계를 보여줬다. 월급을 10년 동안 절약해서 꾸준히 저축해야 겨우 모을 수 있는 돈을 2년 만에 손에 쥐게 된 것이었기 때문이다. 근로소득에만 목매어 있었던 내 지난 과거가 허탈하기도 했다. 그렇게 부자로 갈 수 있는 길이 내게 보이기 시작했다. 흙수저는 절대로 도달할 수 없다고 생각했던 그 길 말이다.

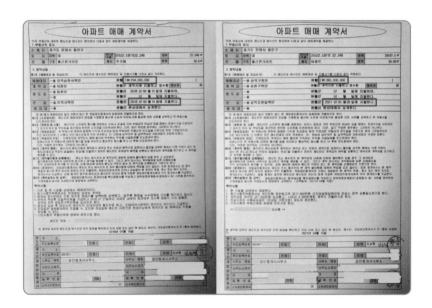

재테크 데칼코마니

수익의 100%를 재투자해라

매도는 수익률이 더 높은 투자처가 있을 때 하는 것이다

첫 내 집을 마련할 때 도와주고자 같이 집을 봐주셨던 회사 팀장님이 부산 해운대구의 재건축 입주권 공동투자를 제안하였다. 이미 안양시 만안구의 아파트 분양권을 같은 팀원인 직원과 공동 투자했다가 많은 수익을 내고 훈훈하게 마무리된 것을 직접 옆에서 봤기에 신뢰가 갔다. 그래서 아파트 매도를 결심한 것이었다. 매물로 내놓은 지 한 달이 안 되어 신고가로 매도했고 팀장님과 부산 해운대구의 재건축 입주권 지분을 반씩 매수하게 되었다.

30년이나 된 17평 애매한 평수의 아파트를 계속 보유하는 것보다, 몇 년 지나면 부산 해운대구에 34평 신축이 될 아파트를 보유하는 게 나중에 얻을 수익률이 더 크다고 생각되어 공동투자를 하기로 결정한 것이었다. 그런데 불과 몇 달 안 되어서 내가 신고가로 매도했던 아파트가 6천만 원 더 높은 신고가에 거래된다. 마음은 아팠지만 좋은 물건으로 갈아탔다는 생각에 위로가 되었다.

만약에 수익률이 더 높을 것으로 판단되는 투자처로 갈아타기 위해서 매도한 게 아니라 단순히 너무 많이 올랐다는 생각에 수익을 보려고 매도했다면 하늘을 쳐다보면서 한숨만 쉬었을 것이다.

재건축 입주권에 재투자하기를 결심했다

그렇게 아파트 재건축 투자를 접하게 되었다. 재건축 투자는 사업이 모두 진행되는 데 오랜 시간이 걸리는 대신 다 지어졌을 때 일반분양가 대비 안전마진을 얻기 때문에 흔히 시간에 투자하는 상품으로 불린다.

재건축 사업은 크게 보면 ① 조합설립 → ② 사업시행인가 → ③ 관리처분인가 → ④ 철거 및 준공 단계들을 거치는데 도중에 정권이 바뀌면서 정책의 기조가 바뀌는 등의 악재들이 터지면 사업이 모두 진행되기까지 엄청나게 긴 시간 지연되는 경우도 많다. 그래서 준공에 가까워질수록 재건축 사업의 성공확률도 높아져 그만큼 조합원 입주권의 시세가 상승해 늦게 진입할수록 투자자가 먹을 수 있는 안전마진이 낮아진다.

부산 해운대구의 재건축 입주권은 관리처분인가가 나기 바로 전에 매수했으며 현재 철거 중으로 올해 말 착공을 목표로 하고 있다.

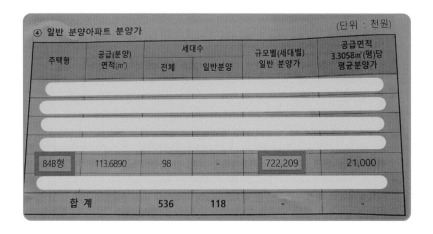

④ 일반 분양아파트 분양가 (단위 : 천원)

주택형	공급(분양) 면적(㎡)	세대수		규모별(세대별) 일반 분양가	공급면적 3.3058㎡(평)당 평균분양가
		전체	일반분양		
84B형	113.6890	98	-	722,209	21,000
합 계		536	118	-	-

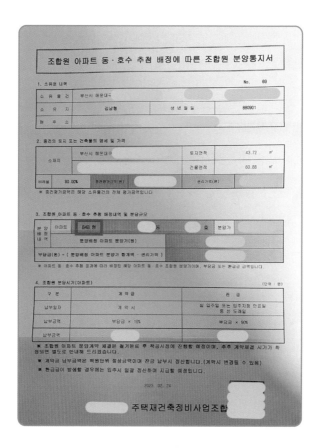

공동투자는 원하는 시점에 탈출이 어렵다

같이 재건축 입주권에 공동투자 했던 팀장님이 다른 지역에 보유하고 있는 아파트에서 최근 역전세를 맞았다. 전세금을 돌려줄 돈이 부족해 고민하고 있기에 창업에 도전해보려고 마련했던 목돈으로 나머지 반 지분을 현재 거래되는 급매 가격에 매수했다. 그 결과 현시점 2023년 8월 12일. 지분 반씩 투자했던 부산 해운대구 재건축 입주권은 이제 100% 나의 물건이 되었다. 어떻게 되었든 결론은 나쁘지 않게 되었지만, 공동투자로 힘든 점이 없었던 것은 아니었다.

공동으로 보유하고 있던 2022년 상반기에 실제 있었던 일이다.

재건축 입주권을 공동으로 매수하고 얼마 지나지 않아 남은 투자금으로 토지 투자를 실행했는데 거기서 새로운 기회를 목격했고 아파트 투자보다 토지 투자에서 높은 수익률을 얻을 수 있을 거란 확신이 생겼다.

그러나 더 이상의 투자금이 없었고 어떻게 하면 추가 투자금을 마련할 수 있을지 고민했다. 공동으로 보유하고 있던 재건축 입주권을 재매도해서 토지에 투자하는 게 낫겠다는 생각이 들었고 팀장님에게 지분 인수를 제안했다. 그러나 팀장님 또한 이미 많은 투자로 인해 나와 마찬가지로 추가 투자금이 없었고 결국 강제 보유하게 된다.

이미 지난 일이고 이제는 저렴한 가격에 완전히 내 물건이 되었기에 크게 상관없게 된 일이지만 만약 그 당시 재건축 입주권을 매도해서 토지를 샀다고 가정해보면 2022년 하반기부터 시작된 집값 폭락을 맞지 않았을 것이다. 그 당시 내가 사려고 했던 그 토지들은 아직도 가격이 그대로이거나 더 오른 것도 있다.

투자금이 부족하거나 리스크를 줄이기 위해서 어쩔 수 없이 공동투자를 하는 경우를 주변에서 가끔 보는데 무조건 잘못된 투자방식이라는 것은 아니다. 투자를 진행하기 전부터 문제가 될 수 있는 점들(매도 방식,

수익률 분배 방식, 보유기간 등)을 세세히 정해서 나중에 매도할 때를 항상 고려해야 한다. 대부분의 공동투자는 처음에 매수할 때는 어려운 일도 없고 서로 기분 좋게 시작하는데 막상 매도할 때는 서로 얼굴을 붉히는 경우가 많다. 공동투자자 중 일부의 생각이 바뀌는 상황들(달라지는 시장 판단, 다르게 생각하는 매도의 타이밍, 결혼과 같은 큰 이벤트 등)이 갑작스럽게 생기더라도 돈과 신뢰의 관계로 엮여 있기에 원하는 시점에 탈출이 어렵다. 이 점을 꼭 유의하길 바란다.

남은 투자금은 토지에 재투자했다

서울 생활이 지쳤고 이제는 고향에서 일하고 싶어졌다. 2021년 하반기에 첫 집을 매도할 무렵 이미 고향으로 이직해서 일하고 있을 때였다. 부산 해운대구 재건축 입주권을 매수하고 남은 투자금 약 1억 원이 있었다. 이전에 정보의 중요성에 대해 언급했었는데 그때도 남들이 이야기하는 정보를 쉽게 생각하지 않았다. 오랜만에 고향 친구를 만났고 자신이 새만금 쪽에 놀러 갔었는데 예전과 달리 많이 바뀌고 있는 모습이라는 말을 해줬다. 친구와 헤어지고 집으로 온 나는 바로 새만금에 대한 뉴스들과 부동산 시세를 검색했다. 그런데 토지에 대해서 잘 모르는 사람이 딱 봐도 좋아 보이는 토지 매물이 보였다. 이미 이주자 택지로 조성된 곳이었고 3차로의 큰길가에 남서향으로 네모반듯하게 붙어 있었고 도로가 4면을 감싸고 있었다. 매물가격도 딱 1억 원으로 적당했다. 다음 날 해당 부동산 사무소에 전화해서 당장 현장으로 갔다. 비가 내리는 날이었지만 너무나 신나서 전혀 개의치 않았다. 현장에서 부동산 사장님과 만나 이야기 해보니 도로가 4면으로 감싸고 있는 부분은 2개의 필지가 붙어 있던 것이었고 그중 1개 필지만 1억 원의 가격에 매물로 나온 것임을 알게 되었다.

"절반은 너무 어정쩡한데 어떡하죠?"

그러자 부동산 사장님이 역으로 제안한다.

"옆 필지 소유자가 이 필지의 친형인데 이것도 같이 팔라고 설득해볼까요?"
"토지도 대출이 나오나요?"
"예. 그럼요."
"그럼 진행해 보시죠."

그렇게 토지 담보대출을 실행하기로 하고 2억 5백만 원에 362평 대지 2개 필지를 계약한다.
고향 친구를 만나서 새만금이 좋아지고 있다는 말을 들은 날로부터 불과 1주일 사이에 일어난 일이다.

스노우볼 효과로 살펴보는 재투자 방법

눈덩이를 굴렸더니 엄청나게 커진다는 뜻으로 복리의 효과를 설명할 때 자주 인용되는 말이다. 스노우볼 효과에 부동산을 접목해 재투자와 어떤 상관관계를 갖는지 설명해보겠다.

1. 눈덩이는 쉽게 뭉쳐지지 않는다.

어린 시절 눈사람을 만들어본 사람은 안다. 양손으로 주먹만한 눈덩이를 단단하게 만들고 푸석푸석한 눈 위에 굴리지만 잘 뭉쳐지지 않는다. 몇 번 굴려보고 아이들은 집으로 가버리고 보통 학교 운동장엔 커다란 눈사람 1개 정도 서 있는 걸 볼 수 있다. 여기서 저자가 강조하는 것은 바로 실행이다. 자꾸 여기저기 눈덩이를 굴려보아야만 그중에서 뭉쳐지는 눈덩이가 나온다. 그 뭉쳐진 눈덩이를 가지고 내 인생의 커다란 눈덩이를 만들어 가는 것이다.

2. 눈덩이는 계속 굴려야 커진다.

착실하게 계속 눈덩이를 굴리는 사람과 커질 때마다 지루하고 재미없다며 발로 차거나 다른 행동을 하면서 굴리는 사람이 같은 시간이 흘렀을 때 각자 만든 눈덩이의 크기는 분명 차이가 날 것이다. 투자로 수익을 봤다고 소비해버리는 사람과 그 수익을 100% 다른 투자처에 재투자하는 사람은 같은 시간이 흐른 뒤 자산의 차이가 확연해질 것이다.

3. 눈이 많이 쌓인 곳으로 굴려라.

눈이 별로 안 쌓인 흙밭에 굴리는 것과 눈이 많이 쌓인 눈밭에 굴리는 것은 시간 대비 효율성에서 엄청난 차이를 보인다. 즉 꾸준히 공부해서 같은 시간 대비 수익을 많이 볼 수 있는 투자처를 찾아서 효과적인 투자를 이어가야 한다는 것이다.

4. 눈덩이는 한번 뭉쳐지기 시작하면 확 커진다.

처음에 주먹만하게 뭉치고 나서 여기저기 계속 굴리다 보면 무릎 높이 만하게 뭉쳐질 때가 있다. 그 정도 크기까지 만드는 데 너무 어려웠는데 어느 세월에 커다란 눈사람을 만들지 생각만 해도 힘들다. 그런데 한번 커지기 시작하더니 이제는 잘 부서지지도 않고 조금만 굴려도 커지는 속도가 확연히 빨라진다. 투자금이 적은 사람은 그만큼 수익이 작기에 작은 수익에 실망하기도 하고 목표로 하는 큰돈을 벌기까지 멀게만 느껴져 중도에 포기하는 경우가 많다. 그러나 포기하지 않고 재투자를 반복하다 보면 어느새 투자금과 수익이 확 늘어나 있는 것을 경험하게 된다.

5. 하나의 눈덩이를 만드는 데 집중해라.

눈덩이를 만들다가 잘 안 뭉쳐진다며 다른 눈덩이들을 만들고 친구들과 다른 놀이를 하다 보면 남들보다 커다란 눈사람을 만들기에는 오랜 시간이 걸릴 것이다. 목표를 명확히 하고 내가 하는 모든 행동을 목표에 향하도록 집중해야 남들보다 커다란 눈사람을 빠르게 만들 수 있을 것이다.

운은 노력과 실행 다음에 찾아온다

성공의 90%는 운이었다는 말은 거짓이었다
성공한 사람들이 흔히 하는 말이 있다.

'나는 정말 운이 좋았다. 10%의 노력과 90%의 운이었다.'

우리는 보통 저런 말을 들으면 '저 사람 그냥 운이 좋았네.'하고 넘어간
다. 하지만 그들이 말하는 10%의 노력이 어느 정도의 노력인지는 관심이
별로 없다. 이미 성공한 사람에게서 우리가 배워야 할 건 90%의 운이 어
떻게 작용했느냐가 아닌 10%의 노력을 어떻게 했느냐이다. 성공한 사람
들의 책을 읽고 강의를 들으러 다니면서 깨달은 게 하나 있는데 노력이
10%였다는 말에는 숨겨진 비밀이 있었다.

그들이 말하는 노력 10%는 성공을 위해 진짜로 그 정도밖에 노력하지
않았다는 말이 아니었다. 작은 목표를 이루기 위해서 일반 사람들은 엄
두도 못 낼 만큼 엄청난 노력을 했는데 목표한 것보다 성과가 크게 나왔
을 때 운이 좋았다고 말하는 것이었다.

겉으로만 보이는 그들의 성공한 현재의 모습 이면에는 성공하지 못하는 일반 사람들의 노력과는 비교할 수 없을 만큼의 노력이 있었다. 운은 실행과 노력 다음에 찾아오는 것이지 아무것도 안 했는데 운이 오길 기다리는 것은 어떻게 보면 도둑놈 심보다.

운은 실행하고 인내하는 사람에게 작용한다

31세에 첫 내 집을 마련하기 전까지 나는 세상에 온통 부정적인 사람이었다. 부동산은 이제 끝났다는 뉴스를 20대 초반에도 봤던 걸로 기억하는데 그런 뉴스에 속아 집값 폭락을 외치며 부동산은 영원히 나와 관계없는 일로 생각했다. 또 기후 위기로 내가 죽기 전에 지구가 심각한 위기에 빠질 수 있다는 뉴스도 어렸을 때부터 봤었는데 그런 말에도 속아 언제 죽을지 모르니 즐기면서 살아야 한다며 욜로를 외쳤었다. 부정적인 뉴스에 빠져들어 부정적인 생각을 가지고 살게 되자 내 인생은 아무것도 변하지 않았다. 오히려 더 나락으로 빠지기 시작했다.

정말 우연히도 31세에 아파트를 매수하게 되었고 33세에 수익을 보고 매도했다. 매수 시점은 기가 막히게 하락할 때였고 청약 조정 대상 지역으로 지정되기 몇 주일 전 잔금을 치르게 되어 대출 규제와 실거주 의무를 피할 수 있었다. 그런데 때마침 더 좋은 투자처로 공동투자 제의가 들어왔고 재건축 입주권으로 갈아타기를 진행했다. 그렇게 2022년 부동산 폭락을 피해갔다. 고향으로 이직하게 되었고 새만금 지역의 토지를 매수했다. 그 당시 장기보유특별공제 배제와 비사업용 토지 양도세 중과에 관한 법률이 시행을 앞두고 있었고 세금 규제를 피해 급매로 던져진 좋은 물건이었다. 잔금을 치르고 몇 주일 후 그 법률 시행이 폐지되었다는 뉴스가 나왔다. 매수한 지 불과 6개월 안 되어 2배로 오른다. 그렇게 토지 투자에 관심이 생겼고 부족한 추가 투자금을 마련하기 위해 타고 다니던 차도 팔고 월급의 90% 정도를 저축하면서 토지를 몇 개 더 샀다. 마찬가지로 전부 수익 중이다. 시간이 지나 사업에 도전해보고 싶어졌고 창업자금을 열심히 마련했다. 그러나 창업의 어려운 현실을 깨닫고 포기할 무렵 때마침 공동투자자의 상황이 어려워졌고 재건축 입주권 지분을 급매 가격에 인수할 기회가 생겼다. 그렇게 곧 신축이 될 아파트가 완전히 내 것이 되었다.

누군가가 나에게 빈털터리였는데 불과 그렇게 짧은 기간에 많은 돈을 어떻게 벌었냐고 묻는다면 운이 좋았었다고 말할 수밖에 없다. 그러나 아무런 인생의 변화가 없던 과거와 달리 분명히 다른 점이 있었다.

부동산 사면 망한다거나 사람은 욕심 부리면 안 된다거나 빚이 생기면 망한다며 어린 시절부터 부정적인 생각들을 심어준 뉴스와 대중들의 비아냥 속에서 그들과 반대되는 선택을 했고, 실행을 했다는 것이었다. 집 사면 망한다는데 샀더니 월급으로 모을 수 없는 돈이 모였고, 땅 사면 오랫동안 물리거나 이상한 땅 잘못 사서 망한다는데 샀더니 엄청난 수익을 안겨줬다.

운이었다는 말로밖에 설명할 수 없는 현재의 크게 바뀐 현실은 미래에도 반복되어 일어날 것이다. 부정적인 말에 속아 아무것도 하지 않으려는 선택은 남은 내 인생에서 다시는 없을 것이기 때문이다.

부동산 늦었다고 절대로 포기하지 마라

2022년 여름 즈음 오프라인 토지 강의를 듣기 위해 서울과 전주를 한 달 정도 오갔었다. 태풍이 왔던 날이라 양말이 젖은 채로 강의를 들은 기억이 있어서 언제쯤이었는지 아직도 기억에 선하다. 요즘도 한 번씩 서울을 오가는데 열정적인 사람들의 열기를 느낄 수 있어서 참 좋다. 그 당시 태풍으로 인해 수강했던 사람은 불과 5명뿐이었고 각자 자기소개 시간을 가졌는데 소수이다 보니 시간이 넉넉해서 많은 이야기를 들을 수 있었다.

참 인상 좋으신 백발의 70대 어르신 차례였다.

"저는 평생을 은행에서 일했습니다.

그렇게 서울에서 은행장까지 올라갔습니다.

나중에는 제의가 들어와 부산에서 호텔 사장도 했습니다.

회사와 승진이 인생의 전부였고
가족은 뒷전으로 두고 매번 술자리에 있었으며
받는 월급에 만족하며 지냈습니다.

그런데 70이 넘는 나이를 먹고 나서
그때부터 같이 늙어온 제 주변 지인들을 돌아보니
많은 돈을 번 사람들은 저 같은 사람들이 아니라
예전부터 부동산에 투자한 사람들이었습니다.

제 자식들이 아직 부동산에 관심이 없는데
늦게 깨달은 제가 투자하는 모습을 먼저 보여주면
제 자식들도 관심을 가질 것 같았습니다.
그래서 이제야 부동산에 투자하고 있습니다."

아직도 그 어르신이 하셨던 자기소개의 모든 내용이 기억에 선하다. 유튜브 영상 또는 책에서 이런 사연을 본 적은 가끔 있었지만, 산 경험에 근거한 이야기를 실제로 직접 뵙고 들어본 것은 처음이었기 때문이다. 그 어르신은 현재 내 핸드폰 카톡 친구 목록에 계신다. 수업이 끝나고 한참 젊은 나에게 새만금 쪽 임장을 가게 되면 소개를 해달라고 먼저 정중하게 번호를 물어보셨다. 한 번씩 그 어르신의 카톡 프로필을 볼 때면 그

때의 생각이 떠올라서 마음을 다잡게 된다.

 70대의 어르신분도 이제라도 투자를 하겠다며 강의를 들으러 다니시는데 절반의 인생밖에 아직 경험해보지 못한 내가 어떤 일에 도전할 때 이제는 늦었다며 후회하고 말기엔 남은 인생이 너무 아깝지 않겠는가. 재앙과 화가 복으로 바뀐다는 뜻의 전화위복이라는 말을 좋아하는데, 어떤 실패라도 기회로 삼으면 분명 복이 올 거라고 믿는다.

부동산 2030년 미래 전망

■ UAM(도심 항공교통)

교통 체증이 극심한 수도권에서 돈보다 시간이 더 중요한 사람들에게 가장 혁신적인 미래의 교통수단이 될 것으로 본다. 수도권에는 UAM 이착륙장으로 활용할 수 있는 넓은 부지가 제한되어 있기에 빌딩 및 아파트의 옥상 등을 활용하려는 구상이 있는데 그렇게 되면 미래에는 역세권이 아닌 옥세권(옥상세권)이라는 새로운 단어가 등장할 수도 있다.

■ 완전 자율 자동차

목적지를 가기 위한 단순한 교통수단이었던 자동차가 점점 하나의 원룸 같은 생활공간으로 진화하고 있다. 최근 자동차의 공간이 점점 넓어지고 있고 바닥에 온돌까지 되고 있다. 완전 자율 기능이 적용되면 직접 운전할 필요가 없어져 그 시간 동안 문화생활을 하며 이동하는 게 가능해진다. 이러한 자동차의 기술 혁신은 아직 경험해보지 못한 미래 주거문화의 변화를 불러올 수 있다. 자동차가 하나의 생활공간으로 바뀌면 출퇴근 스트레스가 줄어들어 굳이 도심지 내에 값비싼 집을 마련해야 할 필요성이 낮아지기 때문이다.

■ 전기차

아직 타보진 않았지만, 주변에서 전기차를 타는 사람들에게 이야기를 들어보면 충전 인프라가 부족하다고 한다. 그리고 자동차 크기가 계속 커지면서 공동주택의 주차 불편 문제가 많아지고 있고 전기차로의 전환이 확대되면서 충전 인프라 부족 문제도 심화할 것으로 보인다.

완전 자율 기술에 더불어 자신만의 넓은 주차장과 태양열을 이용한 개인 충전 인프라를 누릴 수 있는 단독주택 수요도 늘어날 수 있다고 본다.

■ 주 4일제 · 재택근무

중요한 일이 있을 때만 출근하고 평소에는 집에서 근무하는 주 4일제와 같은 단축근무 제도들이 미래에 보편화된다면 직장 근처의 주거와 휴양하고 싶은 곳의 주거 2개의 생활권을 갖게 되는 주거 다양성의 세상이 올 수 있다고 본다. 게다가 완전 자율주행과 같은 교통혁신까지 이루어진다면 장거리 운행마저 편해져 2개 생활권의 거리가 체감상 짧아지는 효과를 가져올 것이다.

마찬가지로 주거와 사무실이 결합한 근무 형태인 재택근무가 전 세계적으로 확산하면서 상업용 부동산 판도에 지대한 영향을 미칠 거라고 전망된다. 최근 미국의 뉴욕과 샌프란시스코 등 엄청난 대도시에서도 상업용 부동산의 가치가 하락하고 있다고 한다. 그러나 우리는 여기에서 다른 기회를 생각해 볼 수 있다. 디지털 노마드가 선호하는 휴양지나 관광지 쪽에는 이들을 붙잡기 위한 주거와 상업 시설이 발달할 수 있기 때문이다. 아직은 아니지만, 미래에 그렇게 될 지역들을 유심히 관찰할 필요가 있어 보인다.

■ 국가 첨단전략산업

최근 정부에서 반도체, 디스플레이, 이차전지 3가지를 앞으로 우리나라를 이끌어 갈 첨단전략산업으로 정했고 7개 지역이 선정되었다. 이런 지역들은 향후 일자리가 많이 생겨 주변 인프라를 변화시킬 것이다. 산업혁명 때의 증기기관 발명이 그랬던 것처럼 2차전지 같은 커다란 산업 생태계의 변화는 누군가에게 큰돈을 벌 기회를 준다. 특히 이럴 때 토지 시장을 주목해 보는 걸 추천한다. 새로운 산업이 들어서면 주변에 인프라가 생기고 주거지가 형성되기까지 오랜 시간이 걸리지만, 토지 시장은 지금부터 움직이기 때문이다.

■ 실버타운

고령화가 빠르게 진행되면서 우리나라도 초고령 사회 진입을 앞두고 있다. 최근 곳곳에서 실버타운이라는 새로운 주거 단지가 분양을 하고 있다. 의사가 상주하여 건강관리가 가능하고 외로운 시간을 주민들과 함께 보낼 수 있는 다양한 복합문화시설도 갖춰 떠오르는 미래의 주거시설이지 않을까 생각한다. 특히 지방은 인구 소멸로 의사 수도 감소하고 있는데 실버타운 조성이 그런 문제들을 해결할 방안이 되지 않을까 생각한다.

8장

진짜 큰 부자는 토지에서 나온다

말도 많고 탈도 많은 토지 투자

집 살 돈도 없는데 토지 투자를 알아야 할까

토지 투자를 직접 해보고 나서 깨달았다. 재테크의 한 분야인 부동산 투자에서 진짜 터닝 포인트의 시작점은 토지 투자라는 것을 말이다. 건물은 토지 위에 지어진 그저 하나의 상품일 뿐이다. 즉 모든 부동산의 모태는 토지이고 토지를 공부해야 '건축주들이 왜 이런 건물을 이 토지 위에 지었을까?'라는 상품 제공자들의 생각이 읽힌다.

진짜 부자는 토지 투자에서 나온다는 말이 있다. 오랫동안 농사만 지었는데 근처가 개발되어 큰돈을 벌었다는 어르신의 이야기는 주변에서 쉽게 찾아볼 수 있고 저자 또한 토지 투자를 해보니 건물 투자가 줄 수 없는 엄청난 수익률이 이곳에서는 잘만 하면 가능하다는 것을 알았다.

이 책에서는 저자의 재테크 영역이 서서히 확장되어 감을 나이의 흐름에 따라 보여주고 있는데 토지 투자는 독자 여러분의 부동산 투자 시야를 엄청나게 확장시켜 줄 중요한 열쇠라고 생각한다. 토지 투자는 이런 거구나 하고 나중을 위해 가볍게 읽어보길 바란다.

토지 투자에 대한 잘못된 선입견이 많다

1. 토지 투자는 어렵다.

기본적으로 공부해야 할 기본적인 공법이 많은 건 사실이다. 그러나 막상 조금만 공부해보면 매수하려는 토지가 개발 가능한 토지인지 검토하는데 약간의 공법 지식이면 충분하다. 오히려 토지 투자는 어렵다는 선입견이 장점으로 다가오는 경우가 있는데 그 점이 투자자 유입의 진입 장벽 역할을 해 주택 시장보다 비교적 매수 경쟁이 덜하다.

2. 나이가 많은 분들이 주로 투자한다.

유독 토지 투자 분야에서는 현재 30대인 저자도 실제 토지에 투자하고 있는 비슷한 나이대의 투자자를 실제 만나보기란 어렵다. 그만큼 토지 투자는 은퇴하신 어르신들이 하는 투자라고 생각하는 경향이 있다. 사회 초년생 때는 내 집 마련할 자금도 부족하기에 젊은 사람들이 많은 투자금이 묶이고 실 사용가치도 없는 토지에 투자하기란 어려운 선택일 것이다.

그런데도 저자는 오히려 젊었을 때 소액으로라도 투자 가능한 토지에 직접 투자해보길 추천한다. 지가는 시간이 지남에 따라 당연히 우상향해왔기에 젊은 나이에 개발 호재가 있는 곳 근처에 저렴한 토지를 매수해 놓는다면 중년의 나이에 엄청난 수익을 실현할 수 있기 때문이다.

3. 환금성이 안 좋다.

토지 투자가 진입장벽이 높은 만큼 매수할 때는 경쟁이 덜해 유리한 점이 많으나, 막상 매도할 때가 되면 그만큼 매수자가 적어 되팔 때 환금성이 떨어지는 건 사실이다. 그러나 추후 실제 매도 사례를 소개하겠지만 환금성의 문제도 충분히 해결 가능한 문제다.

바로 개발 호재가 근처에 있는 지역이고 공법상 건축이 가능한 곳의 토지가 그렇다. 개발 호재가 발표되면 매수자가 많아져 비싼 가격에 빠른 매도가 가능해진다. 개발 호재의 또 다른 이점은 개발 예정지로 지정되어 수용된 토지의 소유자는 보상금을 받게 되고 그 주변의 토지를 대체 취득하면 취득세 면제를 받기에 보상금으로 풀린 유동성이 흘러들어 다시 한번 주변 토지의 가격을 움직인다.

4. 세금이 너무 많다.

주택과 달리 비주택은 취득할 때부터 4.6%의 세금을 부담한다. 보유 중에는 토지의 실거래가가 아닌 공시지가로 계산된 재산세를 부담한다. 가장 부담되는 건 토지를 매도할 때 내는 양도소득세인데 주택과 같은 비과세 혜택이 없다. 그러나 취득 시 발생했던 부대비용(취득세, 등록세, 중개 수수료 등) 공제와 기본공제가 있고 추가로 보유기간에 따른 장기보유특별공제 등 세금을 절약하는 방법들이 있다. 토지가 세금이 많이 나오는 것은 맞지만 세금을 낸다는 건 그만큼 수익을 봤다는 것이다. 세금이 많다고 높은 수익이 가능한 투자를 하지 않겠다는 것은 말이 되지 않는다.

5. 투자금이 많이 들어간다.

내가 이전에 언급했던 새만금의 토지를 매수할 때 2금융권으로부터 실제 매매가격의 70%까지 토지 담보대출이 가능함을 확인했었고 60%의 대출을 실행해서 매수했었다. 토지의 상태 및 개인의 신용도에 따라 대출 가능 액수가 달라지므로 계약하기 전 확인은 꼭 필수다. 매수하려는 토지의 시세가 상승할 거라는 확신이 있다면 토지도 레버리지를 이용해 매수가 가능하다. 뒤에서 소개하겠지만 3천만 원 소액으로도 대형 개발 호재 근처 토지 투자가 가능하다.

6. 기획부동산이 무섭다.

토지 기초 지식이 조금이라도 있고, 또 매수하려는 토지를 한 번이라도 직접 가서 보고 계약한다면 기획부동산에 당할 일은 없다. 잘 모르는 사람들은 어떻게 토지를 한 번도 직접 가보지 않고 계약하는 사람이 있냐고 생각할 수 있겠지만 기획부동산의 현란한 말솜씨에 속아 덜컥 계약하고 오는 사람들이 주변에 은근히 많다. 이런 수법에 당하지 않으려면 스스로 공부해서 실력을 쌓아야 한다.

토지 투자는 아파트 투자보다도 안전하다

코인과 주식에서 아파트 그리고 재건축 다음으로 토지 투자까지 재테크를 이어오면서 가장 크게 깨달은 건 사람들의 투자 심리가 자산의 가격에 얼마나 빨리 반영되는가를 나타내는 변동성의 크기에 따라 위험도가 커진다는 것이었다.

이런 면에서 변동성이 가장 낮은 토지 투자는 다른 어떤 투자보다 안전성이 크다고 볼 수 있다. 토지 양도소득세에서 세금을 절약하기 위한 가장 좋은 방법은 아파트처럼 비과세 규정이 따로 없기에 장기로 보유해서 장기보유특별공제율을 높게 받는 것이다. 그런 점에서 부동산 시장이 안 좋다고 해도 빠르게 매도하려는 사람이 적어 토지의 가격이 폭락하는 일은 거의 없다. 실제 저자도 2022년 하반기 심각했던 하락장에서 보유하고 있는 재건축 입주권과 신축 분양권의 가격 하락을 직접 맞았지만 5개 필지의 토지는 아무런 움직임이 전혀 없었다.

여러 가지 투자 자산을 직접 경험해 본 저자로서 독자 여러분에게 나중에 내 집을 마련하고 추가 여윳돈이 된다면 자산 포트폴리오에 안전한 토지도 꼭 담아보라고 추천하고 싶다.

토지에 투자해야 하는 이유

개발 가능한 토지는 한정적이다

출처 : 네이버 지도

핸드폰을 꺼내 지도 앱을 실행해 대한민국을 검색하고 위성지도 보기를 클릭해보면 산으로 보이는 녹색 부분이 국토 대부분을 차지하고 있음을 확인할 수 있다.

위성지도에서 볼 수 있듯이 우리나라 전체 국토 면적 중 산이 약 65%를 차지하고 있다.

산을 제외한 나머지 35% 중 약 20%는 농지다. 산지거나 농지라고 해서 무조건 개발 불가능한 것은 아니지만 대부분이 개발 불가능하다.

산지와 농지 다음으로 개발이 제한된 쓸모없는 토지들이 많은데 바로 맹지가 있다. 건축법상 건물에 불이 나면 소방차가 진입해야 하기에 차량 진입이 가능한 폭 4m의 도로에 토지가 2m 이상 접해야 건축허가가 가능하다.

산지, 농지, 맹지를 제외하면 우리나라에서 개발 가능한 토지는 약 5%도 안 되지 않을까 생각한다. 인구수 대비 국토 면적이 비좁다는 말은 정확한 사실에 근거한 말이었다.

그런데 도로가 있고 건축이 된다고 해서 모든 땅이 투자 가치가 있다고 볼 수는 없다. 차량 통행조차 없는 낙후된 지역에 단독주택은 모르겠지만 근생건물을 짓겠다고 하진 않을 것이다. 그만큼 수요가 없다는 뜻이고 투자 대상으로서의 가치는 낮다고 볼 수 있다.

개발이 가능하고 투자 가치도 있는 토지는 극히 한정적이기에 소유 가치는 이로써 충분하다.

최근 2차전지 기업들이 조 단위의 대규모 투자를 줄이어 발표하듯이 시간이 지날수록 개발의 압력은 한정된 토지에 반드시 미치기 때문이다.

토지는 배신하지 않는다

옛 어르신들에게 '땅은 배신 안 한다.'라는 말을 살면서 한 번은 들어봤을 것이다. 조상으로부터 물려받은 농지에서 열심히 농사만 지은 아들은 땅값이 올라 자산가가 되었고, 농지를 팔고 도시로 가서 사업에 도전한 아들은 망했다는 한 일화에서도 어렴풋이 느낄 수 있다.

내가 막 대학교에 입학했을 무렵 국토 균형 발전 정책의 하나로 지방에 혁신도시들을 개발하기 시작했었다. 마찬가지로 나의 고향인 전주시에서도 혁신도시를 건설하겠다는 계획이 발표되었다. 그 당시 전주시 사람들은 모두 같은 반응이었다.

'이미 개발이 끝난 신시가지에도 사람도 건물도 없어서 빈 땅이 남아도는데 무슨 외딴 시골에 혁신도시 개발이야? 거긴 절대 개발 안 돼.'

출처 : 네이버 지도

출처 : 네이버 지도

위의 사진은 2008년의 혁신도시 모습이고 아래 사진은 2022년 최근의 혁신도시 모습이다.

개발 계획이 발표된 때라도 주변에 토지를 투자했더라면 불과 10년도 안 돼서 엄청난 수익을 봤을 것이다. 국가가 개발하겠다고 공언하는데도 나를 포함한 일반 대중의 상상력은 너무나 부족했었다. 그리고 세상의 발전 속도는 항상 나의 상상력을 뛰어넘었다. 토지 투자를 실행하고 긍정적인 생각을 가지고 미래를 기다린다면 그 토지는 당신을 배신하지 않고 많은 수익을 안겨줄 것이다.

토지의 용도만 알아도 저렴하게 살 수 있다

모든 토지에는 용도지역이라는 신분이 정해져 있다. 토지 이음이라는 사이트에 들어가서 주소를 검색하면 토지이용계획확인원에 용도지역이 나오는데 단순히 이런 비교만으로도 쉽고 저렴하게 매수가 가능하다.

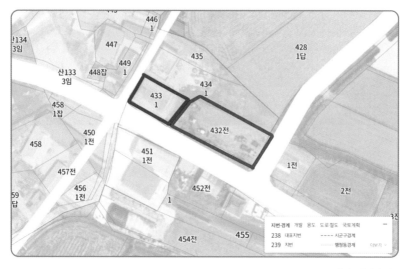

출처 : 네이버 지도

사진상의 파란색으로 표시된 노란색 바탕의 433-1 토지는 계획관리지역으로 건폐율이 40%이며 선택할 수 있는 업종이 자유로워 비도시지역 중 가장 투자 가치 및 선호도가 높다.

다음으로 빨간색으로 표시된 청록색 바탕의 432 토지는 생산관리지역으로 건폐율이 20%이며 선택 가능한 업종이 다소 한정되어 계획관리지역보다 선호도가 떨어진다. 소매판매점이나 단독주택은 가능하므로 오히려 단독주택을 지을 용도라면 계획관리지역보다 저렴한 생산관리지역 토지를 매입하는 것이 좋다.

엄청 간단히 설명해도 계획관리지역인 433-1 토지가 바로 옆에 붙어 있는 생산관리지역인 432 토지보다 좋다는 건 쉽게 이해될 것이다. 그러나 두 토지가 비슷한 가격으로 매물이 나오는 경우가 있으므로 이렇게 단순한 주변 토지와 용도 비교만으로도 쉽게 저렴한 토지를 살 수 있다.

토지 투자로 상상력과 투자 안목이 넓어진다

토지에 투자하는 사람들은 최소 5~10년 정도 미래의 변화될 모습을 상상한다. 보통 건물에만 투자하는 사람은 국토종합개발계획과 도시기본계획 같은 국가와 지역의 미래 개발 방향까지 확인하지는 않는다. 이미 계획되어 만들어진 일자리, 교통, 학군 같은 완성된 공간을 보고 건물의 가치를 판단하기 때문이다.

토지 투자를 하게 되면 토지이용계획확인원만 보고도 그 땅 위에 어떤 건물과 업종이 적합할지 머릿속으로 상상이 가능해지는데 그러한 상상이 반복되면서 점점 나를 건축주의 영역으로 이끈다. 건축을 공부하게 되면 내 건물에 넣고 싶은 업종을 탐구하게 되고 그것은 다시 상가 투자 영역과 사업의 영역으로까지 관심 영역을 확장시킨다.

어떤 토지를 사야 할까

쉽게 팔 수 있는 토지는 무엇을 말하는 것인가

1. 상품성

바꿀 수 없는 상품성으로 용도지역 · 용도구역이 있다.

바꿀 수 있는 상품성으로 크기, 지목, 맹지 탈출, 성토 · 절토 등 있다.

상품성을 이미 갖춘 땅을 비싼 가격에 지불하고 살 것인지 상품성이 부족한 땅을 저렴한 가격에 사서 비용을 들여 보완할 것인지 둘의 비용을 비교해서 저렴한 방법으로 매수하면 된다.

2. 수요층

단독주택에 어울리는 토지가 있고 근생건물이 어울리는 토지가 있다.

주변에 아무것도 없는 낙후된 지역에 있는 상업지역의 토지를 비싸게 매수한다면 나중에 되팔 때 다음 매수자를 찾기란 엄청 힘들 것이다. 이미 매수할 때부터 매도할 때를 생각해서 그 지역에 어울리는 용도과 알맞은 가격의 토지를 매수해야 한다.

3. 마케팅

주변 토지보다 비싼 가격으로 매도를 하려면 토지를 예쁘게 포장하면 된다. 보통 사람들은 토지의 가치에 아무런 차이가 없는데도 이미 정돈이 잘되어 깔끔하고 보기 좋은 토지를 선호한다. 반대로 땅이 푹 꺼져 있거나 잡초들이 사람 키만큼 무성한 토지는 선호하지 않는다. 토지를 평평하게 만들어 주고 잡초는 경지 정리를 통해 보기 좋게 포장한다면 상품성이 올라간다.

도시기본계획을 확인해라

국토종합개발계획은 국가의 전반적인 개발 계획을 그리는 틀이고 지자체별로 세부적인 개발 계획은 도시기본계획에 따른다. 계획 수립 시점으로부터 20년을 목표연도로 하며 시장이 5년마다 재검토 및 정비를 한다. 도시기본계획은 각 해당 지자체 홈페이지에 들어가서 검색하면 파일을 내려받아 볼 수 있다.

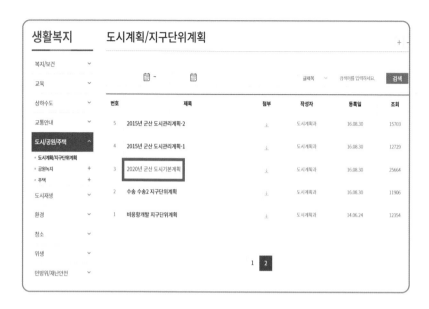

■ 보전축

○ 연안 및 해양 생태계의 자연환경 보전을 위한 보전축 설정 및 도시의 무분별한 개발을 방지하기 위한 보전축 설정

 - 연안(해안)생태계보전축 : 금강, 만경강(새만금), 서해의 수변 연안을 연결하여, 연안 생태계의 보전 및 경관 관리

 - 내륙순환보전축 : 옥산저수지를 중심으로 월명산, 고월산, 오성산, 취성산 등 군산시의 주요산지를 연결하여, 'W'형 내륙순환보전 Network 형성

【〈그림Ⅱ-2〉 발전축 및 보전축】

출처 : 군산시청 홈페이지

도시에 대한 설계와 구상까지 전부 살펴볼 수 있는데 특히 우리가 주목해서 봐야 할 부분은 주 개발 축과 보조 개발 축 같은 미래의 도시 개발 방향이다. 앞서 사례로 들었던 전주시의 혁신도시처럼 도시의 개발 방향을 미리 알고 발 빠르게 움직인다면 그곳에서 분명 기회를 찾을 수 있을 것이다.

개발 호재가 주변에 있는지 확인해라

1. 실현 가능성

국책사업이나 지자체 사업 같은 국영개발과 기업이 주도하는 민간개발이 있다. 국영 개발은 대규모 예산을 집행해서 개발하고 해당 지역 정치권에서도 주시하므로 쉽게 번복하기가 어렵다. 반대로 민간개발은 토지보상금 지연, 개발 비용 상승 등 기업의 이윤에 따라 취소되는 경우가 종종 있다. 그러므로 같은 개발 호재라도 국가가 주도해서 목표를 설정하고 관리 및 추진까지 하는 대규모 사업지 근처에 투자하는 것이 안정성 측면에서 당연히 좋다.

2. 호재의 연속성

평창올림픽의 예처럼 단발성의 이벤트를 위한 개발 호재는 단기적으로 상승할 수 있으나 이미 오른 뒤에 매수했다가 오랜 기간 물릴 수 있으므로 주의해야 한다. 인프라가 조성되고 기업이 몰리고 주거지가 형성되

는 등 호재가 계속해서 연속성을 가지고 이어지는 곳에 투자해야 장기적
으로 보유해 수익을 크게 볼 수 있다.

3. 개발지와의 거리

제주도 영어 국제도시에 토지 임장으로 가본 적이 있는데 남쪽으로 약
1km 떨어진 곳에 시골 읍내가 있었다. 토지 가격을 확인했다가 너무 비
싸서 놀란 적이 있다. 개발지와 가까울수록 개발의 압력이 밀려와 주변
토지의 시세를 더 빨리 움직인다. 항상 개발지와의 거리를 확인해야 한
다.

좋은 토지 매수 전략

토지를 매수하는 데 전략이 왜 필요할까

토지에 조금이라도 관심이 있어 네이버 부동산 같은 곳에서 매물을 검
색해 본 사람들은 이미 알고 있다. 인터넷에 올라온 매물들을 아무리 검
색해봐도 가격이 저렴하면서 개발이 가능한 토지는 거의 없다. 도로도
안 붙은 맹지거나 엄청나게 비싼 토지들뿐이다.

토지 투자 초보가 좋은 토지를 매수하기 어려운 대표적인 이유로 2가
지가 있다.

첫 번째로 토지는 정확한 가격 비교가 어렵다.

아파트의 경우 15층 매물을 사려는데 같은 층 실거래가가 없다면 14층과 비교하면 된다. 층수도 비슷하고 구조와 방향은 거의 똑같다고 보면 되기 때문이다. 만약 비슷한 층마저도 실거래가가 없다면 옆 동의 비슷한 층 실거래가와 비교하면 된다.

그러나 토지의 경우 같은 위치에 같은 땅은 이 세상에 존재하지 않는다. 그래서 아파트와 달리 가격 비교가 어려우며 정확한 시세라는 게 존재하지 않는다.

두 번째로 매수하고 싶은 토지의 대체재가 없다.

아파트는 해당 물건을 못 사면 비슷한 층 또는 옆 동의 물건을 사면 된다.

그러나 토지는 똑같은 토지가 없기에 다른 대체재가 없다. 어떤 위치에 건물을 짓고 싶은데 그 토지의 주인이 비싼 가격 아니면 안 팔겠다고 한다면 그 가격에 못 사는 것이다. 좋은 위치를 선점한 토지 소유자는 이미 그 토지의 희소성을 알기에 특별한 사정이 있지 않은 이상 저렴한 가격에 매물을 내놓지 않는다.

위와 같은 이유로 아무리 인터넷에서 토지 매물들을 봐도 그 가격이 적당한지 감을 잡을 수도 없고 누가 봐도 좋아 보이는 토지는 엄청 비싸서 엄두를 못 낸다. 그래서 좋은 토지를 저렴하게 사려면 아파트를 매수할 때보다 많은 발품과 현장 조사 그리고 자신만의 전략이 있어야 한다. 몇 가지만 간단하게 소개하고 넘어가겠다.

관심 지역 주민들과 친해져라

토지 투자가 처음인 사람이 한 번에 좋은 토지를 매수하기란 절대로 쉬운 일이 아니다. 모르는 사람도 많을 거 같은데 진짜 좋은 토지는 네이버 부동산에 일반 매물로 올라오기 전에 이미 내지인 거래에서 끝나거나 중개인 혹은 중개인의 친한 지인이나 단골손님에게 가버린다. 보통 연세가 많으신 어르신분들은 마을 이장님과 같은 분을 통해 토지를 내놓을 확률이 높다.

어떻게 매도하는지 모르는 분도 계시고 마을 외지인에 대한 경계심을 갖는 분도 계셔서 내지인 간 직거래를 선호하기 때문이다.

여기서 매수 전략이 하나 나오는데 바로 내지인 거래 물건을 잡는 것이다. 내지인 거래 물건은 연세 많은 어르신이 몇십 년을 소유하시다가 내놓는 물건이 많기에 투자자의 손을 몇 번 거친 물건보다 대부분 저렴하게 나온다.

내지인 거래 물건을 잡는 방법으로는 흔히 똠방(내지인 간 중개 담당)으로 불리는 마을 이장님을 직접 방문해서 물어보는 방법과 미리 마을에 여러 차례 방문해서 얼굴을 알려 놓는 방법이 있다. 내가 주로 쓰는 멘트가 있는데 어머니께서 주말농장 겸 소일거리로 사용할 토지를 찾고 있는데 좋은 물건 있으면 소개 좀 부탁드린다고 정중히 말씀드리면 대부분 어르신은 친절하게 맞이해 주셨다.

다음으로 가장 효과 좋았던 방법은 이장님께 이 마을이 발전하길 바란다며 마을 발전 기금을 낸 적이 있었다. 마을은 소문이 굉장히 빨라서 뭔가 돈 좀 있는 사람으로 알려졌고 가끔 내지인 물건이 나오면 먼저 와보라고 마을 주민분들께서 손수 챙겨주시기도 했었다. 그런 물건들은 네이버 부동산에서 절대 볼 수 없는 물건들이었다.

악재를 노려라

좋은 토지는 희소성을 갖기 때문에 미리 선점한 지주들은 급전이 필요한 경우를 제외하고 쉽게 그 토지를 매물로 내놓지 않는다. 이전에 토지는 사람들의 심리에 따른 가격의 변동성이 작아서 투자 안정성이 높다고 설명한 적이 있다. 낮은 변동성 덕분에 부동산 시장에 악재가 터져도 토지 가격의 하락은 미미하게 움직인다. 하지만 악재가 터졌을 때 달라지는 점이 하나 있는데 평소에 매물로 보기 힘든 희소성 있는 좋은 토지들이 종종 매물로 등장한다는 점이다.

늘 그랬지만 대중들의 심리와 다르게 움직인 사람이 좋은 물건을 저렴하게 살 수 있었다.

부동산 사장님과 친해져라

좋은 토지를 중개 의뢰받은 부동산 사장님이 있다고 하자. 본인이 직접 그 물건을 잡을 수도 있고 투자금의 여유가 안 된다면 지인 혹은 단골 손님에게 우선해서 소개할 확률이 높을 것이다. 평소에도 나는 한 번씩 중개사무소에 가서 사장님과 밥도 먹고 차도 마시면서 투자 이야기를 나누며 몇 시간씩 놀다 온다. 명절에는 까먹지 않고 과일도 보내드린다. '만약 좋은 물건이 나왔다면 처음 방문한 손님에게 연락할 거 같은가, 나에게 먼저 연락을 줄 것 같은가?'

관심 있는 지역마다 친하게 지내는 부동산 사장님 인맥을 만들어라. 간혹 좋은 물건이 일반 매매 소개 문자로 오기도 한다.

토지 투자 실전 사례

저자의 토지 투자 사례 1

이전에 한 번 소개한 적이 있는 토지 투자 사례다. 군산시에 있는 토지로 이주자 택지지구로 조성된 곳이다.

아파트를 매도해서 본 수익 중 1억 원의 투자금이 남았고 우연히 네이버 부동산을 검색하다가 네모반듯하고 사면이 도로와 접해 있어 토지 초보가 봐도 좋아 보이는 1억 원의 토지 물건을 발견했다. 다음 날 바로 현장에 방문했고 내가 인터넷에서 본 물건이 2필지 중 1필지인 180평이었음을 알았다. 사면이 도로로 접해 있는데 그중 절반만 매수하기가 참 애매해서 고민에 빠졌다. 그러나 그 필지의 소유자가 바로 옆 필지 182평의 소유자와 친형제라는 걸 알았고 설득해보겠다는 부동산 사장님의 설명에 겁도 없이 2필지를 전부 매수하기를 결정했다.

토지 담보대출 1억 2천만 원을 포함해 각종 부대비용을 포함해서 2억 2천만 원에 매수했다.

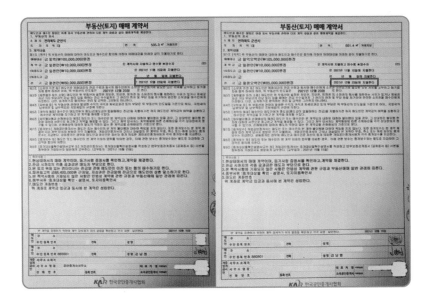

　　토지 세금 규제안이 법안으로 상정되어 곧 시행된다는 악재를 앞두고 있었고 평소에는 절대 매물로 나오지 않는 좋은 토지인데 일반 물건으로 저렴하게 나온 것이었다. 그런데 잔금 치르고 몇 주일 후 그 법안을 폐지한다는 뉴스가 발표되었다.

　　악재가 사라졌고 불과 6개월도 안 되어 주변 토지들이 내가 산 가격보다 2배가 넘는 가격으로 거래되기 시작했다. 평당 56만 원에 산 토지가 현재 평당 120만 원에 거래된다.

　　이 토지 투자 사례로 독자 여러분에게 던지고 싶은 메시지는 부동산 시장에 악재가 생기든 말든 본인이 현재 할 수 있는 걸 하면 된다는 것이다. 사람들의 심리가 무너질 때 오히려 좋은 물건들이 저렴한 가격에 나온다. 그렇게 겁먹고 던져진 좋은 물건들을 누군가는 기회로 보고 매수해서 소유해왔으며 장기적으로 봤을 때 대한민국의 토지 가격은 항상 우상향했다.

여기서 쉽게 생각해 볼 수 있는 투자 포인트는 '항상 우상향 해온 몇십 년 사이에 비로소 현재 내가 인식한 악재가 전부였을까?'이다. 부동산은 내가 태어나기도 전부터 호재와 악재로 상승과 하락을 반복하며 우상향 해온 가격이다. 이런 점을 깨닫는다면 악재 속에서도 좋은 매수 기회를 볼 수 있는 눈이 생길 것이다.

이 토지가 왜 평소에는 안 나오는 좋은 토지냐면 이주자 택지지구로 개발되어 추후 도시지역으로 계획된 땅인데 일반 주거지가 아닌 상업지

로 계획되어 있는 땅이기 때문이다. 현재는 평당 120만 원 선에서 거래되지만 추후 도시지역으로 편입되어 상업지가 되면 기본 평당 300만 원부터 시작한다. 미래에 시가지가 형성된다면 상업지는 보통 평당 1,000만 원까지는 우습게 상승한다.

저자의 토지 투자 사례 2

군산시에 소유한 세 번째 토지 중 하나로 아내의 명의로 매수한 토지이다.

우연히 네이버 부동산에서 일반 물건을 검색하다가 맹지라며 저렴하게 나온 토지가 눈에 띄었다. 해당 물건지와 도로 사이에 경로당이 있었고 옆에 통행로로 보이는 2개의 필지가 있었다.

평소라면 맹지는 쳐다도 안 보는데 뭔가 이상한 느낌이 들었다.

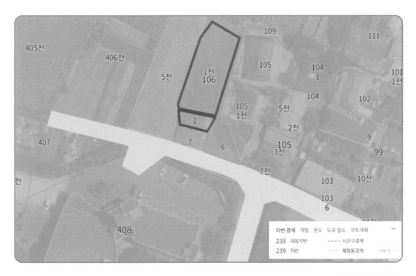

출처 : 네이버 지도

손품을 팔아보니 해당 토지와 도로 사이에 있던 2개 필지의 토지는 국유지와 군유지였으며 군산시청 공무원에게 전화로 확인해보니 점용허가를 받으면 도로로 사용 가능해 건축 가능하다는 답을 받았다. 매도자는 서울에 거주하는 사람으로 해당 토지에 대한 이해가 없어 맹지인 줄 알고 맹지 가격에 물건을 내놓은 것이었다.

주변의 건축 가능한 토지의 시세는 평당 60~100만 원 선에서 형성되어 있다. 그런데 평당 30만 원에 매수했으니 속된 말로 수익을 그냥 주운 것이다.

이렇게 토지에 대해 약간의 지식만 있어도 좋고 저렴한 물건을 주울 수 있다. 이런 점에서 저자는 토지 투자를 높은 수익의 블루오션으로 보고 있으며 독자 여러분도 소액으로 토지 투자에 도전해보라고 권하고 싶다.

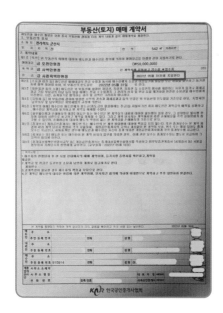

저자의 토지 투자 사례 3

김제시에 있는 토지로 이전에 토지의 용도만 알아도 쉽게 살 수 있다며 예시로 들었던 곳이다. 단순 시세 비교로 저렴해 보이는 토지를 매수했다.

마을에서 거리가 있고 묘지가 있는 토지가 평당 21만 원에 거래되었는데 해당 매물은 아무런 하자가 없고 마을 버스정류장 앞이며 이면도로를 끼고 있는데 평당 17만 원에 나온 것이었다.

누가 봐도 저렴한 토지이기에 이미 매수할 때부터 추후 시세차익을 예상할 수 있다.

네모반듯한 남서향의 173평 생산관리지역의 토지로 편의점이나 단독 주택을 짓기에 안성맞춤인 토지다.

최근 토지 실거래가를 보여주는 프롭테크 앱(땅야, 밸류맵, 디스코 등)이 많이 개발되었다.

토지 거래 앱으로 조금만 손품 팔아도 해당 토지와 주변 토지의 가격을 비교 분석하기가 매우 편리해졌다. 토지 투자에 대해 막연한 두려움을 갖고 있던 분들도 이번 기회에 도전해보길 바란다.

저자의 토지 투자 사례 4

최근 잼버리대회로 시끄러웠던 부안군에 있는 토지로 투자 사례 3의 경우처럼 프롭테크 앱을 통한 단순 시세 비교 손품으로 매입한 토지였다.

이미 부안군은 지가가 많이 상승해서 해당 토지 주변에 도로가 붙은 답(논)도 평당 30~70만 원의 시세가 형성되어 있었다.

그런데 도로를 남향으로 길게 끼고 있는 대지가 평당 20만 원에 나온 것이다.

계획관리지역은 건폐율이 40%인데 해당 토지는 자연취락지구라서 건폐율 60%가 적용돼 집 짓기에 매우 좋은 토지였다.

오랫동안 보유하면 분명 많은 시세차익이 기대되는 토지지만 아쉽게도 1년 만에 매도했다. 최근 부산 해운대구 재건축 입주권의 반절 지분을 매입하는데 자금이 조금 부족해서 어쩔 수 없이 빨리 매도하기 위해 저렴한 가격에 내놨다. 건축이 가능하고 남향으로 집짓기에도 안성맞춤이고 크기도 139평의 적당한 크기로 매물로 내놓은 지 2개월 만에 매도되었다.

토지 투자는 환금성이 안 좋다고 하는데 이미 매수할 때부터 되팔 때를 생각해 수요층을 정확히 잡고 매수했더니 부동산 시장 분위기가 안 좋은데도 빠르게 매도되었다.

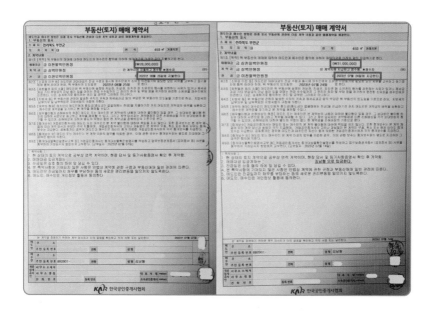

토지 투자에 대한 궁금증

아파트와 토지 무엇을 먼저 투자할까

최근 내 설득을 듣고 아우디를 사겠다고 했던 직장 같은 팀 동생이 천안시 역세권의 아파트를 계약했다. 그런데 처음부터 아파트를 사겠다고 했던 것은 아니었다. 내 투자 사례들을 듣더니 자신도 토지에 투자해보고 싶다며 공부해보고 싶다고 했었다. 그 말을 듣고 솔직히 기특했지만 나는 곧 30세가 되는 동생에게 아파트부터 투자해보는 게 좋을 것 같다고 의견을 제시했다.

토지 가격 움직임의 특징은 아파트처럼 시세가 완만한 상승곡선을 그리며 올라가지 않는다. 근처 개발 호재의 공정 단계에 따라 발표가 되었을 때 한 번, 착공할 때 한 번, 완공될 때 한번 이렇게 계단식으로 상승한다. 그래서 토지는 최소 5~10년 정도 길게 보고 오래 가져가야 수익률을 높게 가져갈 수 있다. 호재가 발표되고 착공할 때까지 오랜 기간 보유하다가 급한 사정이 생겨 도중에 매도하게 되면 아무런 시세차익도 못 보고 시간만 날릴 경우가 허다하기 때문이다.

그런데 곧 30세인 동생은 갑자기 결혼하게 되어 신혼집 마련할 돈이 필요해질 수도 있는 경우처럼 도중에 매도해야 할 변수들이 많아 보였다. 또 무주택자라서 비과세를 이용하면 2년마다 갈아타기로 목돈을 빠르게 불릴 수도 있는데 투자금도 많지 않은 동생이 모든 투자금을 한곳에 오랫동안 묶어 놓고 기다리는 것은 지금 상황과 알맞지 않아 보였다.

만약 개발 호재가 확실하다는 정보가 있고 단타로도 수익을 볼 수 있는 실력까지 갖추었다면 소액으로도 많은 수익을 낼 수 있는 게 토지 투자다. 그러나 위에서 언급한 내용처럼 본인의 상황에 어떤 투자가 더 유리할지 판단해서 수익률은 높이고 리스크는 줄여나가는 투자를 해야 한다.

토지 투자는 사기 치는 사람이 많던데

간혹 주변을 보면 기획부동산에서 개발제한구역의 쪼개놓은 토지를 사거나 지인 말에 혹해 개발도 안 되는 이상한 토지를 사서 물려 있는 사람이 꼭 있다. 그러면서 그들은 토지 투자는 하는 게 아니라며 온갖 부정적인 이야기들을 늘어놓는다. 불과 3천만 원만 넣으면 몇십 배의 수익을 볼 수 있다는 그들의 말에 속아 토지가 어떻게 생겼는지 직접 가보지도 않고 계약하는 사람들은 솔직히 말해 도박꾼이나 다름없다.

위와 같은 상황들이 안 생기도록 하는 방법 몇 가지를 소개한다.

첫 번째로 건축이 가능한 토지만 매수하는 것이다. 맹지를 사서 도로를 내어 수익을 보겠다는 생각이나 나중에 개발 제한이 풀리기를 바라면서 도박을 해보겠다는 생각을 버리는 것이다.

이 장의 맨 뒤에 저자가 실제 토지를 분석할 때 쓰는 체크리스트를 첨부해뒀다. 이것을 따라 하기도 어렵다면 해당 지자체의 건축허가 담당

공무원에게 전화해서 물어보는 방법이 있다. 해당 토지의 지번을 불러주고, 건축이 가능한지 물어보면 알려준다.

두 번째로 친한 토지 전문가를 주변에 두는 것이다. 그 전문가를 통해서 매수하라는 게 아니고 조언만 구하면 된다. 전문가에게 혹시 모를 사기를 당할 확률도 낮아진다.

마지막으로 스스로 토지를 공부하는 것이다. 이것이 가장 안전한 방법이다. 토지 투자에 관련된 책들을 읽거나 강의를 보면 된다. 이런 최소한의 노력도 안 하고 높은 수익을 보고자 하니 사기를 당하는 것이다.

토지도 임대 가능할까

실제 저자는 토지를 임대해서 1년에 4백만 원의 수익을 보고 있다.

마을 주민분과 유대 관계를 만들어 놓으면 이런 기회들을 잡을 수 있는데 어느 날 마을 이장님께 전화가 와서는 한국수자원공사에서 잠시 현장사무실로 사용할 토지를 알아보고 있는데 임대 놓을 생각이 있냐는 전화였다. 그렇게 1년에 4백만 원씩 3년 계약 임대료로 1천 2백만 원을 일시금으로 받았다.

가끔 소유하고 있는 전(밭)에도 고추 좀 심을 테니 월 10만 원에 빌려줄 생각이 있냐는 전화를 받기도 한다.

이런 일들이 드문 일은 아니지만 소유하고 있는 토지의 마을 주민분들과 좋은 관계를 유지하면 주변 지인들의 소개를 통해 아무런 수익이 없는 빈 땅을 활용할 수 있는 방법도 생긴다.

재테크 데칼코마니

전국의 토지 시세를 다 알아야 할까

마을에 왕복 2차로의 도로 하나만 뚫려도 도로 옆의 토지는 2~3배의 지가 상승이 일어난다. 마을 공청회에도 참석하고 마을 주민분들이 이야기해 주시는 개발 정보들도 유심히 들어라. 관심 있는 지역에서 발행하는 지역신문도 꾸준히 보면 개발 정보를 놓치지 않을 수 있다.

마찬가지로 거주하는 지역 주변 시세만 꿰고 있어도 충분한 수익을 볼 수 있다. 관심 지역의 시세를 꿰고 있으면 토지 매물이 나왔을 때 저렴한 물건인지 바로 알 수 있고 다른 투자자들이 손품과 발품을 팔며 조사하고 있는 동안 바로 계약금을 쏠 수 있다.

같은 이유로 토지 투자에 도전하겠다면 무작정 관심 지역을 넓히기보단 내가 잘 아는 지역의 개발 정보와 시세를 파악하는 연습부터 하는 것을 추천한다.

잼버리대회로 새만금 이제 끝나지 않았을까

저자가 실제 투자한 사례로 들었던 군산시, 김제시, 부안군의 토지들은 새만금 개발 권역에 포함된 도시들이다. 아직도 소액으로 토지 투자가 가능하고 대형 개발 호재들이 연달아 있어 투자하기에 좋다.

새만금 지역에 대해 몰랐던 사람들도 이번 잼버리대회를 통해서 알게 되었으리라 생각한다. 최근 발생한 악재인 잼버리대회만 보고 새만금 지역 개발은 이제 끝났다고 말하는 사람이 대부분이겠지만 잼버리대회 그 이상의 커다란 악재들을 이겨내고 30년 동안 꾸역꾸역 개발되어 온 지역이다. 정권이 바뀔 때마다 호남 지역의 표심을 얻기 위해서 새만금은 늘이용되어왔고 개발과 중단을 오가면서도 내부 도로 완공과 수변도시 부지 매립 완공 같은 기반시설 조성이 천천히 완성되어 가고 있다. 국제 투자진흥지구 및 2차전지 특화단지로 지정된 새만금 국가산단에는 올해에만 3분기 현재까지 8조 원이 넘는 기업들의 대규모 투자 유치가 이루어졌다.

잼버리대회가 아쉽게도 좋지 못한 결과로 막을 내리면서 사람들의 인식에 부정적인 이미지를 심어줘 안타깝게 생각하지만, 환경단체의 반발로 방조제 연결 중단과 같은 훨씬 더 큰 악재들을 겪으면서도 개발을 이어온 대규모 국책사업이라서 속도의 차이일 뿐 결국은 완성된다.

책을 쓰고 있는 오늘 아침 뉴스에서 한덕수 국무총리가 새만금 기본계획을 전면 재검토하라고 지시했다는 기사들이 쏟아졌고 마치 이제 새만금은 망한 것처럼 보도됐다. 그런데 기사 내용을 유심히 보면 기업 투자 유치를 위한 지원을 이어나가면서 명목상 계획보다 실질 경제에 도움되는 개발 계획 쪽으로 방향을 손보겠다는 내용이지 전면 취소하겠다는 내용이 아니었다. 기사 조회 수를 올리기 위해 자극적으로 보도된 것일 뿐 항상 객관적인 눈으로 사실을 봐야 한다. 기본 계획 검토 기간에 예산이 줄어들어 개발 완료 시점이 또 한 번 늦춰지는 것일 뿐 시간이 지남에 따라 개발 속도가 다시 빨라지기도 하고 느려지기도 할 것이다.

이번 잼버리대회 사태를 보고 이제는 진짜 새만금 개발은 끝났다고 말하는 대중의 생각과 달리 시간이 흘러 결국은 개발이 완료된 모습을 보게 될 것이다. 새만금뿐만이 아니라 인천 송도와 영종도, 경기도 김포한강신도시와 송산그린시티, 세종특별시 등 개발할 때 모든 이가 누가 거기 들어가서 사냐고 망할 것이라고 말했던 지역들이 시간이 흘러 전부 번듯한 도시가 되었다. 위에서 언급했던 도시들은 서울에 거주하는 동안 직접 지켜보면서 저긴 절대 성공할 수 없다고 생각하며 쳐다만 봤던 곳들이다.

훗날 이미 도시로 바뀐 새만금 지역을 보면서 '아 그때 살걸.' 하면서 또 한 번 같은 기회를 놓치고 싶지 않다. 미래를 확신할 수는 없겠지만, 현재 내가 할 수 있는 최선을 다할 것이다.

※ 다음 도표는 토지 강의를 듣고 책도 읽으면서 토지를 실제 임장했을 때 필요한 사항들을 체크리스트로 만든 것이다.

토지 투자에 관심 있는 사람들에게 도움이 될 것 같아 첨부했다.

1. 건축 가능 여부 검토			
도로 조건	도로	4m 이상 (지적도상 / 현황상)	
	통행	고가도로, 자전거 · 자동차전용도로 X	
	지목	지목 도로 확인	
	소유	국가 소유	
	존재	지적도 · 현황상 도로 존재 여부	
토지이용 계획	건축 X (투자 X)	개발제한구역(그린벨트) 도시자연공원구역 상수원보호구역 하천구역 / 소하천구역 비오톱 1등급	
	건축 가능 여부 확인 필요한 곳	국방 · 군사 규제 재개발 · 재건축 규제 문화재 보호 규제	
개발허가	개발행위 허가 (재량행위) + 건축허가 (기속행위)	경사도 (자치 법규 정보 시스템)	

		도로	5,000m² 미만	4m	
			5,000m² 이상 ~30,000m² 미만	6m	
			30,000m² 이상	8m	
		상수도			
		하수도			
	농지전용 허가	농지보전 부담금 개별공시지가(m²당) × 30% × 전용면적(m²) (50,000원 / m² 초과 X)			
		농업진흥구역 여부			
	산지전용 허가	경사도 25도 이하 (전국 공통)			
		고도 100m 이상은 50% 미만의 높이에 위치			
		입목축적			
		대체 산림자원조성비 (보통 m²당 10,000원으로 계산)			

2. 건축 방향성 검토				
입지 분석	지역 분석			
	접근성 분석			
	주변 환경 분석	쓰레기 매립장, 유수지 하수처리장, 축사, 양계장 공장, 사격장, 높은 축대 고속도로, 공항 확인		
용도규제 분석	용도지역	건축 가능 건축물 종류		
	용도지구	용도지역의 제한을 강화 or 완화		
	지구단위 계획구역	개발예정지에 지정한 지구단위 계획구역	보상금은 얼마인가?	
			보상금은 언제 주는가?	
			환지예정지 입지는?	
		계획적 개발을 목적으로 지정한 지구단위 계획구역	시청 지구 단위팀 전화 ⇩ 명칭 및 계획서 확인 ⇩ 도면 및 지침 검토	
	보전규제	농업진흥지역	농업진흥구역 (절대농지)	
			농업보호구역	
		보전산지	공익용산지	
			임업용산지	

		준보전산지	보전산지 X	
		수질보전지역 (시청 하천 관리팀확인 필요한 지역)	수변구역	
			수질보전 특별대책지역	

3. 건축 규모 검토

수평 면적 제한	건폐율	건축면적 / 대지면적 X 100%	
		지·자체 도시계획조례 확인	
	건축선	일반도로	4m
		막다른 도로 · 10m 미만	2m
		막다른 도로 · 10m 이상 35m 미만	3m
		막다른 도로 · 35m 이상	6m
		가각전제 (너비 8m 미만 도로 적용)	
	대지 안의 공지	건축조례 확인	
수직 면적 제한	용적률	연면적 / 대지면적 X 100%	
		지·자체 도시계획조례 확인	
	용도지역, 용도지구 에서의 높이 제한	제1종일반주거지역	4층 이하
		녹지지역	
		관리지역	
		자연취락지구	
		경관지구	도시계획 조례 확인

	일조권	사람 보호		전용주거 지역 일반주거 지역	
		인접 대지 기준선			
		높 이	9m 이하	경계선부 터 1.5m 이상	
			9m 초과	경계선으 로부터 각 높이의 1/2	
투자 판단 총평 (/ 100점)					

당장 할 수 있는 무자본 투자 2탄
- 토지 편

■ **소액투자 가능한 지역**

개발 호재가 근처에 있고 남향으로 건축까지 가능한 네모반듯한 토지가 있다.

독자 여러분은 이런 설명을 들었을 때 소액으로는 절대 저런 토지는 살 수 없다고 생각할 것이다. 그러나 열심히 손품과 발품을 팔면 충분히 위와 같은 토지를 소액으로도 매수할 수 있다.

이전에 토지 투자 사례로 언급했던 새만금 지역의 김제시, 부안군의 토지가 한 예다. 173평, 139평의 크기로 단독주택에 딱 알맞아 매수자들이 선호하고 남향에 도로가 붙어 있는 직사각형의 토지였다. 그리고 해당 토지들 근처에는 관광단지와 배후도시의 미래 개발 호재들까지 있었다. 부안군의 토지는 아쉽게도 매도했지만 3천만 원에 매수한 이런 토지들은 오랜 시간이 흘러 개발 호재가 실행되었을 때 몇 배의 수익을 내게 안겨줄 것이다.

이처럼 쉬는 날 지도 앱을 켜고 지역들을 분석하고 개발 호재들을 검색해보면 아직도 소액으로 잡을 수 있는 좋은 토지들이 있다. 국산 중형차 한 대 살 돈으로 미래에 유망한 토지를 소유할 수 있는 것이다.

■ 경매 · 공매

경매나 공매를 이용해 토지 투자에 활용하면 저렴한 매수 기회들이 많아진다.

토지에는 건물이 없어 임차인이 따로 없기에 아파트 경매할 때 선순위 임차인의 진위를 가려내느라 고생하는 것과 같은 어려운 점들이 토지 경매에는 딱히 없다. 물론 분묘기지권, 지상권 같은 특수물건들만 전문적으로 공략해 수익을 내는 전문가들도 당연히 있다.

그러나 경매로 등장하는 물건들은 지분 물건, 맹지, 자투리 토지, 개발 제한된 용도의 토지 등 투자 가치가 낮은 토지들이 대부분이기에 그만큼 좋은 물건을 경매로 취득하기 위해서는 오랜 시간을 들여 꾸준히 분석하고 투자해야 한다.

토지뿐만 아니라 아파트에도 해당하는 경매·공매 투자에 대해서 말하겠다.

매수 가능한 방법을 하나 더 만들겠다는 생각으로 경매·공매를 공부해야 한다. 오로지 임장 경험을 쌓겠다며 공부만 하거나, 반복되는 패찰에 지쳐 낙찰받는 것을 목표로 하다가는 매수하기도 전에 공부에 지쳐 투자를 포기하게 되거나 손해 보고 던져야 할 이상한 물건을 사게 될 것이다.

이 점에 유의해서 오직 한 가지 매수 방법에만 초점을 두지 말고 다양하게 열어두길 권한다.

저자의 토지 투자 실전 사례들을 보면 하나 같이 누구라도 당장 할 수 있는 쉬운 방법들로만 이루어졌다. 뭔가 어려운 방법을 연구해서 매수해야만 높은 수익을 볼 수 있는 게 아니다.

다시 한번 말하지만, 투자는 수익을 보기 위함이지 경매를 공부하고 남들에게 낙찰받았다며 자랑하기 위함이 아니다.

9장

결혼은 재테크 성공을 위한 발판이다

남이 아닌 우리의 결혼식을 해라

우리나라는 왜 결혼하기가 힘들까

사람들의 SNS 사용이 늘면서 긍정적인 측면도 있지만, 부정적인 측면이 더 많다고 생각한다.

최근에 봤던 여론조사에 따르면 결혼을 아직 하지 않은 이유 1순위는 '결혼 준비를 아직 못해서.'라는 이유가 가장 크다고 결과로 나왔다. 즉 결혼을 안 하는 게 아니라, 생각은 있으나 못하고 있는 사람이 많다는 것이다.

결혼식은 인생을 잘 살아서 좋은 배우자를 만나 앞으로도 행복할 거라며 남들에게 자랑하기 위한 보여주기의 끝판왕이다. 신혼집을 어디에 마련했고, 혼수는 어떤 걸 샀고, 신혼여행은 어딜 가고, 프러포즈는 어떻게 받았고 등등. 그래서 더욱 결혼식을 부담스럽게 받아들인다.

솔직히 남들은 우리가 어떻게 살든지 무관심하다. 그런데 스스로 비교의식에 사로잡혀 미래를 못 보고 많은 돈을 한순간의 이벤트에 낭비해버린다. 돈이 부족하다면 결혼식 비용을 최소화하고 저렴한 월세를 구해 저축해가면서 서서히 좋은 집으로 옮겨가도 된다. 가끔 연예인들이 수억 원을 들여 초호화 호텔에서 결혼식을 하고 몇백억 원의 신혼집을 구해 호화로운 생활을 누리는 기사들이 나온다. 그렇지만 그들은 이미 부자이고, 부자가 아닌 사람이 부자를 따라 하게 되면 반드시 탈이 나는 법이다.

오히려 없으면 없는 대로 부부가 의기투합해서 노력하면 더 좋은 결과를 얻을 수 있다. 부부가 함께 절약할 수 있는 부분은 최대한 절약하고 목돈을 만들어 재테크를 통해 점차 자산을 증식해간다면 노력으로 인생을 바꿀 수 있다는 삶의 지혜와 보람을 경험할 수 있다.

남들에게 보여주기 위해서 많은 돈과 기회들을 결혼식이라는 잠깐의 이벤트를 위해 낭비해버리지 않길 바란다. 남들을 위한 결혼식이 아니라 앞으로 많은 고난을 함께 헤쳐나가야 할 부부의 앞날을 격려하고 응원하는 자리인 우리의 결혼식이 되어야 한다.

결혼은 무일푼으로도 가능하다

아내를 처음 소개받은 자리에서 내가 이렇게 말했다고 한다.

"저는 한 달에 30만 원만 쓰고 오직 재테크에만 관심 있어요."

이제야 웃으면서 아내가 말해주는데 그 당시는 이상한 사람인 줄 알았다고 한다.

연애 시절 나를 만난 후로 서서히 재테크에 눈을 뜨기 시작한 아내는 결혼을 준비할 당시 최대한 간소하게 결혼식을 준비하자는 나의 제안을 받아들였다.

우리는 같은 지역의 직장인이라서 차로 출퇴근이 편한 지방 읍내의 30년 된 21평 작은 아파트에 신혼집을 마련했다. 현재도 거주하고 있는 이 아파트는 보증금 500만 원에 월세 35만 원이다. 오래된 아파트라서 여름에 비가 많이 내리면 베란다가 물바다로 변한다. 그리고 시골에다가 주변에는 온통 산뿐이라서 아무것도 할 수 있는 게 없다. 그렇지만 우리는 '언제 이런 생활을 해보겠어?'라며 서로 다독이고 '오히려 할 수 있는 게 없어서 저축이 많이 된다.'라며 그냥저냥 만족스럽게 살고 있다.

신혼집만 저렴하게 얻은 것이 아니라 결혼식 혼수 또한 가성비 있는 제품들로 저렴하게 마련했다. 대형 가전 매장들을 돌아다니면서 신혼 혼수로 묶은 견적을 받으며 여기저기 다녀봤지만 아무리 그래도 인터넷을 통해 하나하나 개별적으로 일일이 주문하는 게 훨씬 더 저렴했다.

〈　결혼비용 공금 1　🖋 🔍 ⋮

1. 웨딩홀 계약금 500,000
2. 월세 보증금 계약금 5,000,000
3. 에어컨 1,476,060 (배송완료)
　+ 실외기선반 설치비 120,000
4. 식탁, 의자 세트 539,000 (배송완료)
　+ 배송비 65,000
5. 책장 2개 99,800 (배송완료)
　+ 배송비 66,000
6. 세탁기 579,800 (배송완료)
7. 냉장고 761,970 (배송완료)
8. 청소기 83,500 (배송완료)
9. 커피머신 119,000 (배송완료)
10. 전자렌지 70,200 (배송완료)
11. 밥솥 236,600 (배송완료)
12. 에어프라이어 178,000 (배송완료)
13. 주방수납장 2개 298,000
14. 침대, 프레임 1,756,000
15. 가스렌지2구 (+배송비 10,000) 138,900
　(배송완료)
16. 이불 44,892
17. 쿠팡 잡화류 897,260

1/2

☆ 중간정산 ☆
13,029,982 ÷ 2 = 6,514,991 - 5,500,000
잔금 1,014,991
상환(6.20.) 1,000,000

최종잔금 14,991

〈　결혼비용 공금 2　🖋 🔍 ⋮

공금1 잔금 : 14,990

1. 상견례 식대 224,000
2. 주방수납장 배송료 60,000
3. 도시가스 설치비 20,000
4. 침대 사다리차 100,000
5. 커튼, 잔디, 코일매트 등 283,650
6. 식물, 실내화, 침실협탁 173,900
7. 멀티탭, 캡슐, 봉투, 생수, 의자양말 94,300
8. 우유베개 114,000
9. 휴지, 가위, 반찬통, 양념통 등 120,930
10. 싱크대정리, 압축봉 등 55,200
11. 옷걸이 39,000
12. 침대협탁 추가 38,400
13. 옷방 5단 옷장 29,000
14. 문풍지 58,200

1/2

출처 : 혼수를 마련하면서 저자가 직접 메모했던 핸드폰 화면

　결혼식을 올리기 3개월 전부터 신혼집과 혼수를 미리 준비했다. 나중에 느낀 거지만 결혼식만 해도 할 게 너무 많아서 신혼집과 혼수를 미리

준비하길 참 잘했다는 생각이었다.

물론 우리에게도 남들의 비교질은 당연히 있었다.

'집은 어디에 장만했는지, 혼수는 얼마가 들었는지, 신혼여행은 어디로 가는지 등, 도대체 이런 질문은 왜 하는 거지?' 생각이 들었지만, 우리만 괜찮으면 된다는 생각으로 가볍게 무시했다.

남들의 훈수질은 가볍게 무시하고 넘어갈 수 있었지만, 가족의 요구사항은 우리 뜻대로 마냥 거절하는 게 쉽지는 않았다. 예단과 폐백을 할 것인지, 예물은 뭘 할 건지, 혼수의 문제 등등 단지 우리만의 생각으로 결혼식을 쉽게 치르려고 했던 건 크나큰 착각이었다. 그렇지만 우리는 최대한 분란 없이 양가 부모님께 절약해서 하겠다고 설득했고 결혼식에서 돈 들어가는 불필요한 절차들을 대부분 생략하는 데 성공했다.

- 월세 보증금 500만 원
- 혼수 900만 원
- 결혼식 비용(스드메 포함) 400만 원
- 결혼반지 100만 원
- 강원도 신혼여행 100만 원

결혼식 비용으로 총 2천만 원이 소요되었으며 아내와 반반 부담하기로 했기에 1천만 원씩 개인 부담으로 마무리가 되었다. 어머니의 축의금은 어머니께 드렸고 남은 축의금으로 식대와 결혼식 비용을 제했더니 거의 300만 원으로 모든 걸 마무리한 셈이 되었다. 추후 신혼집의 월세 보증금 500만 원은 돌려받는 돈이니 반반 부담했던 250만 원을 제하면 실제 소모된 비용은 50만 원이다.

결혼식도 단지 시작일 뿐이었다

한 번뿐인 결혼식에 큰 의미를 부여해서 값비싼 호텔 예식장과 사치스러운 유럽 신혼여행을 선택하는 건 개인의 선택 문제다. 그런데 막상 결혼식이 끝나고 나서 우리 부부가 나눈 소감 중 공통적이었던 말은 30분 만에 끝나버리는 결혼식에 큰돈 쓰지 않길 잘했다는 것이었다.

솔직히 나도 지인들의 결혼식에 많이 다녔지만 기억에 남는 거라곤 밥이 맛있냐 맛없냐 뿐이었다. 결혼 준비할 때는 '앨범 사진을 몇 장 더 뽑을까?'부터 '액자를 유리로 할까, 아크릴로 할까?' 등등 많은 선택의 문제로 몸과 마음이 힘든 게 사실이다. 그런데 솔직히 말해서 곧 결혼기념일 1주년이 되는데 그동안 둘 다 결혼식 앨범 한 번 열어보지 않은 게 사실이다.

명품도 좋고 유럽 해외여행도 좋지만, 결혼 생활은 그때부터 단지 시작일 뿐이다. 사회 초년생 때 직장인이 되었다고 욜로를 외치며 마이너스 통장과 신용카드 빚에 허덕이던 그 말도 안 되는 생활을 결혼 생활 시작부터 다시 하겠다는 것과 마찬가지다.

한 번의 결혼식을 위해서 많은 돈을 낭비한다면 초기에 목돈을 모으기 힘들어진다. 그리고 그 목돈을 가지고 더 좋은 내 집을 마련할 미래의 기회비용까지 날려버리게 된다. 현재 잠깐의 만족을 바라보기보다 미래에 더 만족할 수 있는 삶을 바라보길 바란다.

재테크로 부부가 함께 성장해라

부부는 최고의 재테크 동료가 될 수 있다

처음 소개팅 자리에서 아내에게 그렇게 말했던 것은 나의 결혼관이 바뀌었기 때문이었다.

부부란 서로에게 배울 점이 있고 서로를 더 크게 발전시켜 줄 수 있는 가장 친한 인생의 동반자라고 생각한다. 그래서 경제관이 맞았으면 하는 게 1순위였고 함께 취미생활이 맞았으면 했던 게 2순위였다. 우리 아내도 나를 만나기 전 소비를 많이 했다는데 나를 만난 후 저축과 재테크에 눈을 떴다고 한다. 그렇게 우린 만난 지 1개월 만에 결혼을 결심하게 되었다.

우리 집 거실엔 남들 다 있는 TV와 소파가 없다.
대신 커다란 책장과 책을 읽을 수 있는 카페 테이블이 가운데에 자리하고 있다. 퇴근하면 같이 테이블에 앉아 책과 강의를 보거나 미래에 대한 서로의 구상 등 발전적인 대화를 주로 나눈다.

강의, 북 콘서트, 전시회 등이 보고 싶어 서울로 자주 올라가는데 그런 것들을 아내는 독려해주거나 같이 가서 보고 오기도 한다. 또 투자를 이어가다가 가끔 자금이 꼬여 부족해질 때도 있었는데 군말 없이 바로 빌

려준다. 이런 삶은 내가 꿈꾸던 삶이었고 함께 해준 아내에게 진심으로 고맙게 생각한다. 이렇게 우리 부부는 재테크를 통해 미래를 준비하자는 공통된 목표를 가지고 밖에서도 만나기 힘든 최고의 재테크 동료가 되어주고 있다.

우리 부부의 남다른 돈 관리법

결혼식 비용도 전부 반반씩 부담했지만 우리는 생활비도 반반씩 부담하고 있다.

월급과 자본이 달라서 정확히 반반은 아니고 내가 조금 더 부담은 하고 있지만, 공금 통장과 체크카드를 만들어 공동 생활비는 공금에서 쓰고 나머지는 각자 관리한다.

'너무 반반으로 나누는 거 아니야?'
'어떻게 부부가 남도 아니고 딱 나누며 사니?'

이렇게 생각하는 분도 계실 것이다.

각자 각출해서 모이는 공금은 딱 월 100만 원이다. 이 돈으로 한 달 생활비(월세, 관리비, 장보기, 데이트 등)로 사용한다. 물론 아이가 아직 없어서 가능한 금액이지만 아이가 생기면 각출 비용을 조금 더 올려서 사용할 계획이다.

이런 돈 관리법이 가능한 이유는 서로가 낭비하는 곳에는 돈을 쓰지 않는다는 점과 한 달에 얼마씩을 잘 저축하고 있는지 알고 있기 때문이다. 직장에서의 연차가 쌓여 이제 400만 원을 받는 나와 300만 원을 받는 아내는 현재 각자 월 200만 원의 저축을 하고 있다. 내가 이번 달에 어디에 돈을 쓰게 되면 아내보다 이번 달 저축액이 작아 보이는 듯한 선의의 경쟁 구도도 생기고 각자 목돈을 모아 투자를 하나 더 하겠다는 소유욕도 생겨서 좋은 점이 있다. 그보다 가장 큰 장점은 돈 문제로 부부간에 다툼이 일어날 일이 전혀 없다는 것이다.

무슨 일이든지 남들을 그냥 따라가기보다 우리에게 더 좋은 선택을 하면 된다고 생각한다. 결혼 생활은 남들이 아니라 우리가 하는 것이기 때문이다.

우리 부부는 더 나은 공동의 미래를 꿈꾼다

가끔 거실 테이블에 앉아 서로 마주 보고 커피를 마시며 이런 대화들을 나눈다.

"미래에는 어떤 집에서 살고 싶어?"

"미래에는 어떤 차를 타고 싶어?"

"미래에는 어떤 사업을 해보고 싶어?"

앞의 돈 관리법에서 말했듯이 각자 자산을 관리하고 있지만, 나중에는 자산을 합쳐서 서울 강남의 꼬마빌딩이나 한강 전망이 나오는 아파트를 사고 싶다는 공동의 미래도 있다. 서울로 다시 올라가 쉬는 날에 한강에서 같이 자전거 라이딩을 즐기는 것도 공동의 미래다. 나는 200만 원짜리 아내는 300만 원짜리의 자동차를 타고 있지만, 나중에는 좋은 차를 타겠다는 것도 공동의 미래다.

부부는 서로에게 배울 점이 있고 서로를 발전시켜 줄 수 있는 인생의 동반자가 되어야 한다고 생각했던 내 소신대로 살고 있다. 그렇게 우린 공동의 미래를 꿈꾸며 각자의 자리에서 하나씩 이루어나갈 것이다.

10장

자신의 한계를 뛰어넘어라

직장인의 한계를 느꼈다

10년간 경험해본 직장 생활은 콜로세움이었다

1. 전쟁터다.

콜로세움에서는 서로를 죽이고 강한 자만이 살아남아서 왕이 내려주는 상을 받는다. 상대방에게 친한 척을 해서 방심한 틈을 타 등을 보이는 순간 칼을 꽂아야 내가 살아남는다.

오직 콜로세움의 공동 목표는 우승해서 상을 받는 것이다. 오늘은 같은 편일지라도 내일은 반드시 적이 된다. 영원한 동지도 적도 없는 곳이다.

2. 검투사는 노예다.

다른 이들보다 강해서 전투에서 우승해 영웅 취급을 받더라도 검투사는 그저 노예일 뿐이다. 아무리 발버둥을 쳐도 노예인데 우승하면 마치 본인들의 신분이 바뀌어 왕이나 귀족이 될 수 있다는 헛된 꿈을 꾼다. 관람석에 앉아 있는 왕이나 귀족들은 상금만 던져줬을 뿐인데 자신들끼리 서로 죽이고 싸우니 노예들의 영웅 놀이 구경이 그저 재미있을 뿐이다.

3. 콜로세움 안에서만 비로소 존재한다.

그러나 돈도 없고 나를 받아줄 곳도 없는 사람에게는 콜로세움이 장점도 많은 곳이다. 우선 싸울 때마다 돈을 주고 먹을 것과 잘 곳을 제공해 준다. 이 생활이 당연해지면 콜로세움 밖에 나가서는 밥벌이를 할 수가 없다. 남이 시키는 대로만 하고 남이 주는 돈만 받고 싸움 외에는 아무것도 할 줄 아는 게 없기 때문이다.

직장은 콜로세움이라는 사실을 빨리 알아차려라

콜로세움이라는 극단적인 예를 들어 10년 동안 직장 생활을 하면서 느꼈던 점을 표현해봤다. 무작정 직장은 나쁘고, 사업해야 한다는 의미는 아니다. 만약 직장 생활을 안 했다면 코인과 주식 그리고 욜로 생활로 무너졌던 사회 초년생 시절의 시행착오들을 빠르게 만회하기 힘들었을 것이다. 그리고 일정하게 들어오는 급여로 대출 이자를 내면서 부동산 투자를 안정적으로 유지할 수 없었을 것이다.

단지 우리가 콜로세움에 있다는 사실만 알아차리면 된다는 뜻이다.

회사에 아무리 충성해도 임원이 될 수 있는 경우는 굉장히 한정적이고, 직장을 그만두는 순간 월급과 인간관계가 모두 끊겨버리는 레버리지 0인 곳이 직장이다. '직장은 원래 이런 곳이다.'라는 사실을 알아차린다면 현재 받는 월급이 내 남은 인생을 절대 보장해 주지 않는다는 점을 알 수 있다.

자의든 타의든 직장을 그만두게 되었을 때를 대비해서 직장에서 했던 일 말고도 돈을 벌 수 있는 다른 일을 미리 준비해둬야 한다. 미래를 준비하기 위한 시간이 부족하다면 직장을 그만두는 순간 대부분 사라질 인간관계에 치중하지 말고 회식 자리 불참이나 불필요한 잡담 시간에서 벗어나는 등 자기 계발을 위한 시간을 만들어내야 한다.

가진 게 없다면 잃을 게 많다

처음 사회 초년생 때는 회사에 충성을 다했고 정말 열심히 일했다. 직장 말고는 아무것도 없는 내게 이만한 돈을 줄 곳은 없을 거라는 생각에 감사했다. 또 직장을 그만두게 된다면 내 인생이 그대로 끝나버릴 줄 알았다.

오직 돈을 더 벌 방법은 열심히 일하고 아부해서 직장에서 승진하는 것뿐이었다. 그래서 직장 상사들의 부당한 대우에도 그저 웃을 수밖에 없었고 고과를 잘 받기 위해 동료들보다 훨씬 더 열심히 일에 매진할 수밖에 없었다. 그러면서 점점 나의 미래는 온통 직장 생활로 가득해졌고 다른 어떤 미래를 준비할 생각이나 시간은 더 없어졌다.

그런데 우연히 시작하게 된 재테크와 부동산 투자는 그런 직장인의 삶을 완전히 뒤바꿔놓았다. 현재의 자산 20억 원이 되기까지 많은 경험과 지식이 쌓였고, 이제는 무언가를 새로 시작할 수 있는 자본도 쌓였다. 그러다 보니 직장 생활이 오히려 여유로워졌다. 회식이나 불필요한 잡담으로 날려버리는 시간이 없어졌고 상사의 부당한 대우에도 그 조치는 부당하다며 소신 있게 말할 수 있게 되었다. 긍정적인 사고로 가득해지다 보니 한때 나를 직장에 얽매이게 만든 근로소득이 나의 재테크를 도와주는 고마운 존재라고 다르게 인식되기도 했다.

가진 게 없었을 때는 잃을 게 많았기에 스트레스 속에서도 참고 견디는 삶을 살며 세상을 부정적으로 바라봤었다. 그런데 가진 게 많아지면서 잃을 게 작아지자 모든 일에 여유가 느껴지며 소신 있게 살게 되고 세상을 긍정적으로 바라보게 되었다.

실패는 또 다른 도전이다

근로소득을 넘기 위해 창업에 도전했다

부동산 투자로 자산이 많아지긴 했는데 어느 순간 정체기에 들어서고 말았다. 근로소득만으로 추가 투자금을 마련하는 데 속도가 너무 느린 것이었다. 매월 버는 소득이 높아진다면 더 많은 투자를 할 수 있겠다는 생각이 머릿속에 자꾸 맴돌기 시작했다. '유튜브를 해야 할까?', '할 수 있는 다른 부업이 없을까?' 고민하던 어느 날 책을 한 권 읽게 되었다.

장사만 했는데 돈은 건물주가 벌었다는 현실을 깨달아 건물주의 삶으로 뛰어들었고, 건물을 사서 자신의 사업을 입혔더니 건물의 가치가 올라 시세차익으로 큰돈을 벌었다는 내용이었다.

'그래. 바로 이거다! 사업.'

나는 부동산 투자를 할 때처럼 머릿속에 어떤 생각이 들면 오랜 고민을 하지 않고 일단 직접 몸으로 해보는 스타일이다. 그런데 어떤 사업을 할 수 있을지 고민해보자 10년 동안 직장 일만 했기에 할 줄 아는 다른 일이 아무것도 없었다. 그때부터 내가 할 수 있는 다양한 업종을 공부하기 시작했다. '스마트팜이 미래에 유망하지 않을까?'라고 생각해서 농업도 공부해봤고, 부동산을 좋아하고 풍수지리도 좀 아니까 '공인중개사 자격증을 취득해서 차별점 있게 운영해볼까?'라는 생각으로 강의를 신청해서 공부도 해보다가 얼마 안 되어 접었다. 틈틈이 창업 강의를 들으러 전국을 다녔고 창업으로 성공해서 돈 좀 벌었다는 책은 보이는 대로 사서 읽었다.

그러다가 우연히 프랜차이즈가 아닌 전수 창업이라는 게 있다는 걸 알게 되었다. 비용을 일시적으로 많이 부담하지만 상권 분석, 인테리어, 음식 레시피, 운영 노하우, 홍보 방법까지 전수해주고 추후 식자재도 본사에서 살 의무가 없어 원가율도 굉장히 낮아 보였다. 아무것도 모르는 초보 창업자였지만 창업 대부분을 알려준다고 하니 할 수 있겠다는 자신감이 생겼다. 직장을 그만둘 생각까지 하면서 그렇게 전수 창업 대표님을 만났고 바로 창업 계약을 한다.

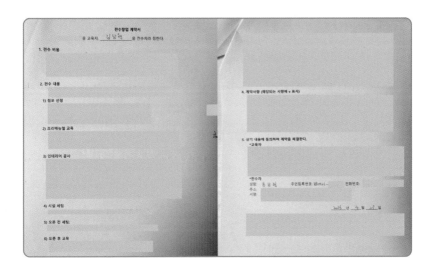

창업이 쉽지 않다는 현실을 깨닫고 창업을 포기했다

계약하고 나서 바로 다음 날부터 상가 임차를 알아보기 시작했다. 나와 아내는 이미 장사할 곳으로 찍어 둔 지역이 있었다. 주변에 대기업과 공장들이 많아서 점심시간만 되면 모든 식당이 손님들로 넘쳐나는 곳이다. 그 지역의 가장 중점에 있는 목 좋은 상가가 운 좋게도 비어 있었다. 임대료도 적당했다.

그런데 전수 창업 담당자분이 2번이나 다시 생각해보라며 우리의 확신에도 만류했다. 우리가 하려는 업종의 주 손님층은 10대, 20대의 여성층인데 이 지역을 분석해보니 아저씨들이 좋아하는 국밥집과 중국요릿집이 많은 걸로 봐서 알맞지 않아 보인다는 이유였다. 덧붙여서 우리의 주 손님층에 맞는 음식점이 아직 많이 생기지 않아서 그럴 수도 있으니 비슷한 식당들을 조사해보라고 했고 실제로 확인해보니 그 상권에는 업종이 알맞지 않다는 게 확실해졌다.

그 순간 솔직히 말해 창업에 대한 자신감이 확 사라져버렸다. 부동산 투자에서는 다른 사람의 의견보다 내 판단이 유효했고 그동안 모든 투자 물건에서 수익을 봤었다. 그런데 내가 확실하다고 생각했던 상권 분석이 완전히 예상을 빗나간 것이었다. 게다가 현지에 와보지도 않은 사람들이 현지에 대해 잘 알고 있는 우리보다 짧은 시간 만에 그런 판단을 내린 걸 보고 공부가 많이 부족했다는 것을 느꼈다.

창업을 준비하면서 느낀 점은 부동산 투자자의 관점에서 상가 물건을 볼 때와 그 상가에서 직접 장사할 것을 생각하며 창업자의 관점에서 볼 때가 분명 모든 면에서 아예 다르다는 것이었다. 투자의 리스크 관점에서 보면 상가 투자를 했는데 임대가 안 맞춰지면 임대료를 낮춰도 되고 조금 손해를 보고 매도해도 된다. 그러나 그 상가에 목돈을 들여 인테리어를 하고 시설 집기들을 사서 창업했는데 잘 안된다면 모든 창업자금을 날리게 된다.

상권들을 조사할수록 망해나가는 가게들이 계속 눈에 들어오기 시작했고 꿈만 부풀어 긍정적인 측면만 보려 했던 모습은 사라지고 비로소 창업의 힘든 현실이 눈에 들어오기 시작했다. 그렇게 계약한 지 불과 1개월 만에 계약금을 날리고 창업 생각을 접었다.

창업에 실패했지만 언젠간 다시 도전할 것이다

내 인생을 뒤돌아보면 한 번 해보겠다고 마음을 먹었던 일은 언제가 되었든 결국은 했다. 요즘에 문득 우리가 굳이 한 분야에만 관련된 일을 평생 할 이유가 있냐는 생각이 든다. 전혀 연관되지 않은 몇 개의 직업을 가진 외국 사람들을 간혹 유튜브에서 본 적이 있는데 솔직히 말해서 그런 능력과 사회의 제도가 부러울 따름이다. 나는 앞으로도 하나의 직장에서 평생을 일할 생각이 추호도 없다. 항상 새로운 걸 배우고 색다른 경험이 하고 싶다. 그렇게 다양한 인생 경험치를 가진 사람이 되고 싶고 사고가 열린 사람이 되고 싶다.

토지에 투자하고 있다 보니 요즘은 건축에도 관심이 많다. 신축에 대한 강의와 책도 보면서 건축 지식을 많이 쌓고 있다. 현재 투자 중인 재건축 물건을 몇 년 뒤 매도해서 시세차익을 보면 내가 소유하고 있는 토지에 독채 3동짜리 고급펜션을 지을 계획을 하고 있다. 국내 펜션업계 최고의 컨설팅 전문가분도 섭외해 토지가 있는 곳에서 만나 펜션 부지에 대한 평가와 어떤 펜션을 지을지까지 이미 컨설팅도 완료했다.

아직 서해안 쪽에는 요트로 관광업을 하는 사업자가 많지 않다. 최근 전주시 근처에도 대형 승마 카페들이 들어서는 추세인데 '승마보다도 고급 스포츠로 알려진 요트가 국민 소득이 점점 더 높아지면서 관심받게 되지 않을까?'라고 생각한다. 언제 완공될지 깜깜무소식이지만 서해안에도 추후 계류장을 더 개발하겠다는 계획이 있다. 그래서 동력조종면허 자격증도 미리 취득했고 세일링 요트와 수영도 미리 배우고 있다. 실제로 실현될지는 장담할 수 없지만, 미래에 내 생각대로 요트가 유망사업이 되고 계류장 시설들이 개발되어 사업의 기회가 생긴다면 준비되지 않은 사람들보다 빠르게 움직일 수 있을 것이다.

이렇게 나는 하나하나 새로운 도전을 늘 꿈꾸고 배우면서 경험치를 쌓고 있다. 아무 생각 없이 살 때와는 다르게 나의 매일 하루는 굉장히 인상적이다. 이 책을 읽는 독자 여러분도 오늘 하루가 인상적이었길 바란다.

부자가 되려면 마음공부는 필연적이다

너무 열심히만 살았더니 오히려 불만족과 공허함이 찾아왔다

이전에 저자가 보통의 하루를 어떻게 보내는지 글로 풀어본 적이 있었다.

다른 사람도 인정하고 나 자신도 인정할 정도로 솔직히 정말 열심히 살고 있다고 생각한다. 돌이켜보면 직장에 올인하고, 돈 쓸 궁리만 하고, 퇴근하면 TV와 핸드폰만 보던 내가 어떻게 지금의 내가 될 수 있었는지 신기하기도 하다.

그런데 이렇게 열심히만 살았더니 갑자기 올해 초 공허함과 불만족이라는 감정이 마음속에서 계속 드러났다. 정확한 시점은 창업 계약을 포기했을 때였다. 아무것도 하고 싶지 않아졌고 내가 지금 이렇게 사는 게 맞는지 의문도 떠올랐다. 며칠이 지나자 그런 감정이 사라지기에 열심히 살다 보니 잠시 찾아온 권태기였나 보다 했다. 그런데 얼마 지나지 않아서 또 그런 감정이 반복되었다.

'난 열심히 살고 있고, 재테크도 잘하고 있는데 왜 자꾸 이런 감정이 들지?'

도저히 답을 찾을 수가 없어서 이 감정이 무엇인지 답을 찾기 위해 마음공부 관련 책을 사서 읽기 시작했다. 정신이 문제인가 싶어 명상을 가르치는 곳에도 가봤고 명상과 산책을 생활화하기도 해봤다. 그리고 수많은 질문에 대해 현명한 답을 해주시기로 유명한 법륜스님의 영상도 매일 찾아보기 시작했다. 직접 답을 듣고 싶어 라이브 방송에도 질문자로 출연했었다. 그렇게 나는 생각지 못한 문제를 받아들였고 자연스럽게 마음공부를 하게 된다.

재테크와 투자는 원래 힘들고 불안한 것이다

법륜스님의 현명한 답변 속에는 질문하는 이의 본질을 꿰뚫는 관점이 보인다. 화가 났을 때 내가 화가 났다는 감정을 스스로 알아차리기만 해도 화가 금방 잦아든다. 마찬가지로 나를 괴롭게 만든 이 불만족과 공허한 마음의 본질을 알아차리면 해결되는 문제였다.

나는 자산이 어느 정도 쌓였음에도 불구하고 검소한 생활을 유지하며 많은 저축을 하고 있다. 훗날 펜션 신축을 위한 자금 마련과 좋은 투자물건이 보이면 또 투자하기 위함이다.

그런데 재테크에 아무 관심조차 없는 주변 사람들을 보면 돈을 맘껏 쓰면서 즐거워 보였다. 그들이 편하게 누리고 있는 삶을 그들보다 자산이 많은 내가 누리지 못하고 있다는 아이러니한 현실이 불만족스러운 감정의 본질이었다.

더 힘들었던 감정은 공허함이었는데 투자가 반복될수록 오히려 실제 누리는 삶은 더 안 좋아지는 것이었다. 목표한 돈을 모으기 위해서 이 힘든 삶을 도대체 언제까지 반복해야 하는지 아무도 답을 알 수 없다는 게 내가 느낀 공허함의 본질이었다.

그런데 이렇게 나를 힘들게 했던 감정들의 본질을 알아차리게 되자 마음공부는 비로소 끝이 났다. 아무도 나에게 이런 삶을 살라고 등 떠밀지 않았으며 내가 스스로 선택한 삶이라는 걸 알아차렸기 때문이다. 부자가 되려면 소비를 줄이고 투자를 지속하는 게 당연한 원리이고 그런데도 부자가 되고 싶다면 당연히 현재 일어나는 욕구 불만족을 감내해야 하는 것이었다.

마음공부를 통해 지금의 나는 절약과 저축은 당연한 삶이 되었고 지속되는 투자에서 오는 불안감도 당연한 거니 그저 즐기자는 마음이 되었다. 재테크와 투자는 원래 그런 것이기 때문이다. 마치 무언가 깨달음을 얻은 듯이 모든 고통이 사라졌고 명상이나 마음공부도 필요 없어졌다.

마지막으로 법륜스님의 말씀 중에 정말 와닿았던 게 있어서 기억나는 대로 나누겠다.

"어떤 사람이 등산을 갔는데, 중간쯤 올라가서 너무 힘든 거예요. 누가 시킨 게 아닌데 남 탓을 해야겠느냐, 해 질 때까지 힘들다며 불평하고 있어야겠느냐. 쉬었다가 다시 올라가도 되고 내려가도 돼요. 그 산 정상에 안 올라가 본 사람도 잘살아요. 중턱까지 올라가 본 것도 대단한 거예요."

─ 유튜브 〈법륜스님의 즉문즉설〉 中

돈 자체는 절대로 목표가 될 수 없다

요즘 100억 원이 목표라고 말하는 게 재테크 분야에서 유행이다. 올해 초까지도 누군가가 "당신 목표가 뭐예요?"라고 물어보면 나는 "100억 원이요."라고 답했었다. 어떤 집에 살고 싶고 어떤 차를 타고 싶은 정확한 생각도 없이 그저 100억 원 정도 모으면 부자라고 생각했기 때문이다.

돈이 목표가 될 수 없다는 말을 나도 여기저기서 들었을 때 문득 이런 생각을 했었다.

'아니, 왜 돈이 목표가 될 수 없다는 거지?'

그런데 마음공부 덕에 돈이 목표가 될 수 없다는 말은 사실이었음을 깨달았다. 왜냐하면 돈 그 자체는 절대로 끝이 없기 때문이다. 100억 원을 모으면 200억 원이 모으고 싶고 200억 원을 모으면 1,000억 원을 모으고 싶기 때문이다. 그렇기에 돈이 목표가 되면 내가 이전에 느꼈던 공허함과 불만족의 감정으로 빠져 투자를 중단하게 되는 경우가 생긴다.

독서 모임에서 알게 된 분이 있다. 젊었을 때 재테크 공부와 투자를 정말 열심히 했고 강남에 아파트를 마련했는데 불과 몇 년 사이에 몇 배가 올라 40억 원의 자산가가 되었다고 한다. 그때 그분도 내가 느꼈던 감정을 똑같이 느꼈다고 했다. 열심히 했을 때가 너무 힘들었고 그 노력을 더는 할 자신이 없다고 말이다.

솔직히 더 큰 부자가 되려면 지금 멈추면 안 되는 게 사실이다. 그렇지만 그분은 현재의 자산을 이루기까지 했었던 젊었을 때의 노력이 너무나 힘든 고통이었고 현재 이룬 정도만 해도 이미 만족하기에 투자를 멈춘 것이다. 그것에 대해서는 아무도 뭐라고 할 수 없는 본인만의 선택 문제다. 만족할 줄 안다는 게 행복이고 거기서 더 하라고 채찍질을 한다면, 그 순간부터는 불행으로 다가오기 때문이다.

돈 자체가 목표가 되면 큰 부자가 되기 전에 작은 부자에서 끝나버릴 확률이 높다. 큰 부자가 되려면 짧은 기간에 끝나지 않고 평생 재테크와 투자를 이어나가야만 하는데, 계속해서 일어나는 불만족과 공허함을 이겨내는 게 절대로 쉬운 일이 아니기 때문이다.

나도 20억 원의 자산을 이루고 나서 같은 감정으로 힘들었었다. 그러나 만약 여기서 만족해버리고 더 나아가는 길을 멈췄다면 독자 여러분께 이 책을 내놓을 수 없었을 것이다. 부를 이룬 사람들의 기준에서 봤을 때 어떻게 보면 20억 원의 자산이 우스워 보일 수 있다는 생각이 들어 부끄러울 수 있기 때문이다. 그렇지만 40대, 50대의 나이가 되었을 때의 나는 상상할 수 없을 정도의 큰 부자가 돼 있을 거라고 확신한다. 많은 경험과 투자 기준이 생겼고 마음공부를 통해 지치지 않는 법도 깨우쳤기 때문이다.

돈 액수 자체가 아니라 공부하고 투자해서 경험과 자산을 불려 나가고 어제보다 하나라도 더 나은 오늘을 만드는 것에서 인생의 재미를 찾길 바란다.

사람마다 돈 그릇의 크기가 다르다

이전에 기회비용을 계산해보라는 내용으로 은퇴할 시점에 필요한 돈의 액수를 더해서 계산해보라고 언급했었다. 혹자는 자연인처럼 산속에 집을 짓고 자연을 벗 삼아 살고 싶다고 할 수도 있고 혹자는 강남에 있는 아파트에 살면서 스포츠카를 타며 살고 싶다고 할 수도 있다. 만약 지방에 내 집 하나 마련해서 평범한 가정을 꾸리는 게 목표라면 월급을 착실히 저축만 해도 충분히 이룰 수 있다.

이것은 사람마다 돈 그릇의 크기가 각기 다르기 때문이다. 명심해야 할 것은 돈 그릇의 크기가 큰지 작은지를 판단하는 기준과 어떤 사람이 행복한지 불행한지를 판단하는 기준은 전혀 상관관계가 없다. 돈 그릇이 작은 사람에게 큰 부를 이루는 게 최고라며 투자를 강요한다면 그 사람은 불행으로 느낄 것이다. 반대로 돈 그릇이 큰 사람에게 욕심부리지 않는 게 최고라며 안전한 삶을 강요한다면 마찬가지로 불행으로 느낄 것이다.

나는 은퇴 시점 필요한 돈을 단순 계산해봤더니 200억이 넘는 돈이 나왔다. 안전한 삶을 추구하면서 직장이 주는 월급에 만족하는 삶을 산다면 발끝만큼도 닿을 수 없는 금액이다. 그렇기에 현재 느낄 수 있는 만족감을 참아내고 재테크를 병행하면서 어제보다 쌓인 부를 보며 행복을 느끼는 것이다. 혹여 목표한 금액을 달성하지 못하더라도 전혀 실망하지 않을 것이다. 미래에서 뒤돌아봤을 때 내 인생이 조금이라도 성장하지 않은 하루는 없을 것이기 때문이다.

자신의 돈 그릇의 크기를 파악해라. 남들을 쫓지 말고 자신이 가장 행복할 수 있는 길을 찾아야 한다. 무엇보다 건강과 행복이 먼저다.

경제적 자유가 아닌 경제적 여유의 길을 찾았다

재테크 서적과 강의에서 항상 단골처럼 등장하는 말이 있다. 바로 경제적 자유다.

'몇 년 만에 몇십억을 벌어 경제적 자유를 얻고 퇴직!'

나도 얼마의 자산을 모아 몇 살에 빨리 퇴직하고 싶다는 그런 생각을 했었다. 그런데 2022년 모든 부동산 시장이 엄청난 하락을 맞는 걸 보고 생각을 다시 했다. 금리가 치솟고 매매가와 전세가가 동시에 엄청나게 하락해 역전세 대란이 일어났다.

그런데 나는 고정적으로 월급이 나오다 보니 금리가 얼마로 오르든 그만큼 소비를 줄였더니 아무런 영향이 없었다. 또 무리하지 않고 감당 가능한 수준에서 비과세를 이용한 2주택과 여윳돈으로 비주택 자산인 토지들을 보유하고 있었기에 역전세나 엄청난 자산가치의 하락에도 아무런 영향이 없었다. 전혀 위험하거나 급할 게 없었기에 온갖 부동산 하락 뉴스에도 평온했다. 오히려 너무 떨어진 것처럼 보여 내가 짧은 글을 올리는 블로그에 2022년 11월부터 집을 사도 된다고 글을 쓸 정도로 사람들이 말하는 위기가 내게는 기회로 보였다. 실제로도 부동산 분위기가 안 좋은 그 당시 창업을 포기하고 남았던 자금으로 부산 해운대구 재건축 입주권 지분을 매수하기도 했다. 마침 현재 부산도 분위기가 다시 살

아나고 있다.

만약 빠르게 경제적 자유를 얻겠다며 직장을 그만두고 전업 투자자가 돼서 주변 친지들의 돈까지 끌어다가 무리하게 다주택 투자를 했더라면 이번 하락장에서 이렇게 평온할 수 없었을 것이다.

모든 투자는 하이 리스크 하이 리턴이다. 빠르게 경제적 자유를 달성하기 위해서 무리한 투자를 하는 것이 무조건 잘못되었다는 건 아니다. 나처럼 월급 생활하며 재테크하고 안정적으로 투자를 이용해서 천천히 부를 늘려나갈 때보다 훨씬 많은 돈을 빨리 벌 수도 있다.

그러나 저자는 경제적 자유가 아닌 경제적 여유의 길을 선택했다. 인생의 모든 것은 균형을 지키는 게 중요하다고 생각한다. 너무 극단적으로 살을 빼거나, 너무 극단적으로 운동하는 게 오히려 건강을 해치는 것처럼 재테크와 투자도 너무 극단적으로 한다면 언젠가는 몸과 정신을 해칠 수 있다고 생각한다. 안 아픈 게 건강한 것처럼 행복하기 위한 게 재테크다.

자산을 늘려가며 성장하는 즐거움도 느끼고, 가끔은 인생의 여유도 느끼고, 남들 다하는 결혼 생활과 직장 생활도 여유 있게 느끼고 싶다. 이것이 수많은 인생 경험과 마음공부들을 통해 내가 찾아낸 경제적 여유의 길이다.

부를 얻으면서 달라진 것들

세상을 긍정적으로 바라보게 되었다

매일 신문과 경제 서적을 보면서 실물 경제가 어떻게 변하는지 늘 관찰하면서 살고 있다. 이런 관찰을 오랫동안 꾸준히 하지 않고 단편적으로 어떤 사건을 받아들이기만 하는 사람들은 세상을 늘 부정적으로 바라본다.

뉴스도 하나의 방송 사업이다. 사람들이 기사를 보지 않으면 뉴스를 진행하는 의미가 없다. 즉 평범한 사람들의 일상과 자극적이지 않은 내용은 정보의 소비자들을 끌어당기지 못한다. 그렇기에 자극적이고 극단적인 기사들을 보고도 객관적으로 세상을 바라볼 수 있으려면 위에서 언급한 관찰하는 습관이 필요하다.

쉬운 예로 2022년 하반기 레고랜드 PF발 새마을금고의 유동성 위기와 건설사 파산 위기 기사가 모든 신문을 도배했었지만 2023년 3분기 현재 기준으로 어떤 문제도 일어나지 않았다.

이제는 공포감을 조장하는 악재 기사를 봐도 '결국 다시 좋아질 거야.'라며 긍정적으로 본다.

직접 투자해보지 않은 사람은 소유한 자산이 없기에 경제의 움직임과 관련이 없어 꾸준히 관찰하려는 노력을 절대 하지 않는다.

어떻게 보면 자산을 가진 사람들은 아침에 일어나서 경제 신문을 먼저 보고, 자산이 없는 사람들은 아침에 웹툰이나 유튜브 shorts를 보는 것은 자연스러운 현상이다.

주로 만나는 인간관계가 달라졌다

직장이나 사회에서 재테크에 관련된 이야기를 꺼내면 돈 자랑으로 받아들이는 사람이 대부분이다. 그만큼 각자의 인생 관심사가 모두 다른 것이고 그들과 나의 공통된 대화 주제가 없다 보니 인간관계가 갈수록 멀어지는 건 자연스러운 일이다.

특히 직장에서는 나란 사람이 독특한 존재일 수밖에 없다. 직장과 상사는 나를 통제하려고 하고 많이 부려 먹기 위해 시간을 뺏으려고 하지만, 여유로운 직장 생활을 하고 싶은 나는 통제에 대응하고 시간을 안 뺏기려고 한다. 직장 동료들은 같이 평범했으면 좋겠고 같이 어울리길 원하지만, 나는 부자가 되겠다고 말하며 같이 어울리려고 하지 않는다. 그렇기에 나는 직장에서 독특한 사람일 수밖에 없다는 사실을 인정하고 받아들여야만 한다.

그런데 직장과 주변에서는 독특한 사람인 내가 유일하게 독특하지 않은 곳이 있다. 가끔 서울로 독서 모임이나 오프라인 강의에 참석하기 위해 올라가는데 그곳에서는 모두가 나보다 더 열심히 살고 있고 나의 말이 맞는 말이라며 인정해주고 존중해준다.

그렇게 부자를 목표로 열심히 사는 사람들과 공통된 대화 주제를 가지고 새로운 친분을 형성하게 된다. 직장 중심이던 나의 인간관계가 인생 발전을 중요시하는 인간관계로 달라졌다.

시간을 중요하게 생각하게 되었다

시간이 돈을 만들어 준다는 걸 알았다. 모든 재테크에는 기다림의 시간이 필요하고 그 시간을 얼마만큼 효율적으로 쓰느냐에 따라 훗날 만들어 낼 수 있는 수익의 차이가 엄청나게 크다는 것을 실감했기 때문이다.

나는 차를 타고 이동하는 시간에도 신문과 책을 본다. 지인들과 잡담하거나 술을 마시며 낭비하는 시간도 최대한 줄인다. 이처럼 시간은 저절로 생기는 게 아니라 나태해지고 싶은 자신의 심리를 지배하고 내 시간을 뺏으려는 다른 사람들로부터 지켜낼 수 있어야 만들어지는 것이다.

간혹 사람들은 나에게 직장을 다니면서 어떻게 많은 시간을 만들어내냐고 방법을 묻는다.

나는 거절하기를 정말 잘한다. 부탁을 들었을 때 판단 기준은 항상 내가 중심이다. 반드시 내가 필요한 상황이라면 수락하지만, 그 부탁을 들어주지 않아도 본인이나 혹은 다른 사람들이 해결 가능한 일이라면 거절한다. 나처럼 시간을 아까워하는 사람이 있는 반면에 시간이 펑펑 남아도는 사람들도 많기 때문이다.

평소에 자주 연락하고 지내는 5명의 평균 소득이 내 소득이라는 말이 있다. 성공하면 주위에 새로운 사람들이 모인다. 많은 부를 얻고 싶다면 주변을 먼저 챙기기보다 자신의 성장을 최우선에 둬라.

소비의 기준이 외적 가치에서 내적 가치 중심으로 달라졌다

예전의 나는 남을 의식한 소비를 굉장히 많이 했었다. 광고와 마케팅에 쉽게 유혹당했고 그들이 만들어낸 유행이라는 말에 속아 남들이 하는 것을 다 따라서 했다. 고향 친구들은 아직 직업도 없는데 나는 이른 나이에 서울에 직장을 얻어 월급을 받으니 뭔가 여행도 다니고 소비도 하면서 잘 사는 모습을 자랑하고 싶었던 것 같다. 즉 부자가 아닌데 부자인 척이 하고 싶었던 것이었다.

현재는 소비의 기준이 외적 가치가 아닌 오로지 내적 가치에 있다. 이미 또래에 비해 많은 자산을 이루었기에 굳이 외적 가치를 지닌 고급 수입차를 사서 나를 드러낼 필요가 이제는 없다. 오히려 젊었을 때 돈도 없는데 고급 수입차를 타고 다니는 주변 사람들을 보면 시간과 기회비용을 날려버리는 선택을 했음에 안타깝다는 생각이 든다.

반대로 책이나 강의를 소비하는 것은 책값이나 수강료보다도 얻을 수 있는 경험과 지식의 가치가 훨씬 더 높기에 내적 가치가 있는 소비다.

외적 가치만 높은 소비에는 늘 경계심을 갖고 멀리하려고 노력한다. 하지만 내적 가치가 높은 소비에는 언제나 지갑이 열려 있다.

선한 영향력이 있는 사람이 되었다

욜로 생활로 가난했을 때 직장에서 별명이 있었다. 이름이 김남형인데 김나눔형으로 불렸다. '오히려 착한 형들이 가난하다고 했던가?' 돈도 없는데 매번 커피를 샀고 불필요한 물건이 있으면 그냥 줘버렸다. 그게 선한 나눔인 줄 알았다.

현재는 자산이 그때보다 훨씬 많음에도 그런 속 빈 나눔은 하지 않는다. 대신 내 경험과 지식으로 10년짜리가 될 수 있는 시간과 돈을 아껴줄 선한 영향력을 나누고 있다.

첫 번째 사례로

아내와 연애한 지 한 달 만에 결혼했다고 이전에 언급했었다.

연애 시절 '내가 부동산을 통해 자산을 이뤘는데, 너도 지금 당장 할 수 있는 방법이 있다.'라고 알려줬었다. 그렇게 지금의 아내는 초역세권인 지방의 신축 분양권을 매수했다. 내년 입주를 앞두고 있는데 월세로 임대 놓을 예정이다. 지방이라서 시세 회복이 조금 느리지만 아내도 결국에 나처럼 수익을 볼 수 있을 것이라 확신한다. 이어서 토지 투자의 장점을 설명해줬더니 대출을 실행해서 토지도 매수했다. 아내를 보면서 느낀 점은 어쩌면 실행력은 타고나는 것일지도 모르겠다는 생각이 들었다.

두 번째 사례로

올해 하반기 인사이동으로 같은 팀이 된 지 2개월 차가 되어가는 동생이 있다. 그동안 조금 모아놓은 돈에 신용 대출을 받아서 고급 수입차를 살 계획이라고 말했다.

이 책의 목차와 마찬가지로 욜로 시절의 경험부터 지금의 자산을 이루기까지의 긴 여정을 설명해줬다. 그러자 동생은 마음을 바꿨고 최근 특례보금자리론을 받아 천안시 두정역 초역세권에 집을 계약했다.

대출이 무서웠다는 동생은 막상 해보니 대출 이자가 한 달 100만 원인데 월세를 130만 원 받을 수 있다는 현실을 직접 보고는 자신이 어리석었다고 말했다. 고급 수입차를 사는 선택을 했다면 날려버렸을 10년을 아껐다. 그리고 2번째 주택을 준비하겠다며 부동산 책과 강의를 보고 있다.

이처럼 다른 사람의 인생을 바꿔줄 수 있는 선한 영향력이 있는 사람이 되었다.

마찬가지로 이 책을 통해 독자 여러분들에게도 선한 영향력을 미칠 수 있길 기대한다.

성공한 사람들이 공통으로 가지고 있던 무기는 실행이었다

이 책을 처음 기획했던 의도이자 독자 여러분께 저자가 전달하고 싶었던 주제에 관한 글이다.

어떻게 보면 이 책에서 가장 중요한 내용이라고 볼 수 있다.

지금까지 저자가 10년 동안 겪은 실패 혹은 성공의 이야기들을 글로 풀어내었다.

욜로 → 코인 → 주식 → 아파트 → 재건축 → 분양권 → 토지 → 사업 도전까지 어떻게 보면 짧은 기간 내에 다양한 분야를 경험했다.

인생에서 돈이 전부는 아니지만, 재테크 분야로 한정 지어 봤을 때 5년 동안 돈을 잃어버린 실행(욜로, 코인, 주식)도 있었고 5년 만에 부를 얻게 된 실행(아파트, 재건축, 분양권, 토지)도 있었다.

성공한 실행은 콜로세움으로 비유한 직장인의 삶에 의존하던 내 인생을 완전히 바꿔놓았다. 아무 생각 없이 직장 일에만 몰두하고 월급에만 의존하는 삶을 살았더라면 지금과 같은 변화된 삶을 얻을 수 없었을 것이다. 현재의 나는 평생 월급으로도 모을 수 없는 자산을 젊은 나이에 이미 이뤘고 상상 이상의 더 높은 미래를 그리면서 살고 있다. 현실에 안주해버리고 도전하지 않았더라면 아마 착실히 월급을 모아서 은퇴할 때쯤 지방에 아파트 하나 겨우 마련했을 것이다. 그리고 생활비를 벌기 위해 다른 일감을 찾아다니며 평생 남 밑에서 일하는 노동자로 삶을 마감했을 것이다.

다른 한편으로 실패한 실행도 성공한 실행 못지않게 인생을 바꿔보고자 시도했던 도전이었고 어떻게 보면 더 큰 미래를 위한 배움의 장이기도 했다. 자산이 그나마 작을 때 코인과 주식으로 돈을 잃어봐서 작은 수업료를 내고 변동성이 큰 투자의 위험성을 몸소 깨우칠 수 있었다. 그리고 사업 시도를 통해 계획 없이 섣불리 했다가는 망할 수도 있겠다는 것을 몸소 느꼈기에 다음에 다시 도전할 때는 많은 준비를 해야겠다는 교훈을 얻었다.

이 책을 통해 저자가 독자 여러분께 전달하려는 핵심은 실행하라는 것이다. 성공한 사람들의 책과 영상들을 보면서 발견한 공통점은 모두 실행력이 뛰어났다는 점이었다. 아무 생각도 하지 않고 아무 도전도 하지 않는다면 내 인생이 바뀌는 건 아무것도 없다.

재테크뿐만 아니라 자기만의 작은 목표라도 찾아서 도전해보고 성취하는 데서 인생의 의미를 찾길 바란다. 어떻게 보면 자신의 인생에서 진정한 행복의 답은 자기만족에 있기 때문이다.

끝나지 않은 나의 도전

사회생활의 시작점이었던 취직한 날부터 이 책을 쓰고 있는 지금까지 좋은 일도 많았고 힘든 일도 많았다고 생각했다. 그런데 막상 글로 써보니 단 한 권의 책에 담길 정도의 짧은 인생이었다는 것에 놀랐다.

그런 점에서 더 많은 도전과 노력을 할 수 있었을 텐데 하는 후회도 남는다. 한편으로는 자서전이기도 한 이 책을 마무리하면서 앞으로 남은 인생을 인상적인 날들로 채우기 위해 더 열심히 살아야겠다는 생각이 들었다.

10년 동안의 내 인생 경험이 담긴 이 책이 여기서 끝이라고 절대 생각하지 않는다. 몇 년 안에 펜션을 신축하면서 건축주 경험을 해볼 것이고 사업을 통해 근로소득을 뛰어넘는 소득도 만들어 볼 것이다. 쉬는 날이면 세일링 요트를 배우고 있는데 나중에는 펜션과 요트 병행 사업도 꿈꾸고 있다. 현재 이룬 자산을 이용해 훨씬 더 큰 부자의 삶을 만들어 갈 것이다. 그렇게 나의 성공담이 다음 책 2편으로 계속해서 이어질 거라고 확신한다.

독자 여러분도 데칼코마니 같은 인생을 반전시킬 멋진 그림을 그려나가길 진심으로 응원한다.

– 감사합니다. –

에필로그

나의 어머니는 유방암 2기를 진단받았었고 기나긴 5년의 투병 끝에 완치 판정을 받으셨다.

완치 판정을 받은 기쁨도 잠시 갑자기 복통을 호소하셨던 어머니는 응급실에 실려 가셨고 뜻밖에 췌장암 2기라는 청천벽력 같은 일이 벌어졌다.

하늘은 왜 이런 시련을 우리 가족에게 주는 것인지 원망스러웠다.

내가 중학교 2학년 때 이혼하시고 힘든 형편 속에서도 아들을 훌륭하게 키워내고자 홀로 고생하며 열심히 사신 죄밖에 없었는데 말이다.

휘플 수술이라는 큰 수술을 받고 아직 재발 증상 없이 2년 차가 되어가지만 2개월마다 진행하는 종합검사 때마다 긴장의 끈을 놓을 수가 없다.

그러나 강인하신 우리 어머니는 이번에도 완치 판정을 받으실 거라고 믿는다.

그리고 어린 나이에 아버지를 여의고 무뚝뚝한 오빠의 갈굼도 버티고 친구들은 놀고 있을 때 어머니의 병실을 지키느라 고생한 우리 동생 지현이에게도 고생 많았다고 전하고 싶다.

나는 전화위복이라는 말을 믿는다.
항상 힘든 일 뒤에는 복이 왔고 그 속에 던져지는 인생의 메시지가 있었다.

어머니의 암 투병 일을 언급한 것은 아무리 20억의 자산을 벌었다고 자랑처럼 얘기해도 사람은 다 저마다 보이지 않는 힘든 일이 있다는 것이 인생의 진리라는 것을 말하고 싶었다.
어떻게 보면 하늘이 모든 사람에게 이것도 풀어보라면서 어려운 문제들을 하나씩 던져주는 느낌이다.

던져지는 어려운 문제들을 인내하고 풀어내면 어김없이 추억이라는 선물이 던져졌다.
그러나 던져진 문제들을 외면하거나 포기하면 어김없이 후회라는 고통이 던져졌다.

독자 여러분들에게 어떤 어려운 문제가 던져졌을지 가늠할 수 없지만 전화위복이라는 말을 믿고 하나하나 문제를 풀어가면서 추억으로 가득한 인생을 만들어 가시길 응원한다.

재테크에 대한 상담이나 인생 상담도 좋다.
독자 여러분과 소통의 길을 열어두겠다.
답변이 늦더라도 꼭 답장하겠다. 건승을 빈다!

sosininlife@naver.com